新时代国际传播及其战略研究

沈国荣◎著

吉林大学出版社

·长春·

图书在版编目（CIP）数据

新时代国际传播及其战略研究 / 沈国荣著 . -- 长春：吉林大学出版社 , 2023.6
　　ISBN 978-7-5768-1867-3

　　Ⅰ . ①新… Ⅱ . ①沈… Ⅲ . ①传播学—研究 Ⅳ . ① G206

中国国家版本馆 CIP 数据核字 (2023) 第 133214 号

书　　　名	新时代国际传播及其战略研究
	XINSHIDAI GUOJI CHUANBO JIQI ZHANLÜE YANJIU
作　　　者	沈国荣　著
策划编辑	殷丽爽
责任编辑	殷丽爽
责任校对	安　萌
装帧设计	李文文
出版发行	吉林大学出版社
社　　　址	长春市人民大街 4059 号
邮政编码	130021
发行电话	0431-89580028/29/21
网　　　址	http:// www.jlup.com.cn
电子邮箱	jldxcbs@ sina.com
印　　　刷	天津和萱印刷有限公司
开　　　本	787mm×1092mm　1/16
印　　　张	12
字　　　数	200 千字
版　　　次	2024 年 1 月　第 1 版
印　　　次	2024 年 1 月　第 1 次
书　　　号	ISBN 978-7-5768-1867-3
定　　　价	72.00 元

版权所有　　翻印必究

作者简介

沈国荣 河南工业大学副教授，2009年广东外语外贸大学高翻学院进修学习，2018年国家公派英国曼彻斯特大学访学1年。承担中原文化英译、口译理论与实践、视译、口译听辨等课程教学。在国内外核心刊物发表学术论文16篇，出版专著2部，出版教材6部；主持或参与完成省部级教科研项目6项、地厅级教科研项目20余项；获河南省社科优秀成果奖2项，郑州市社会科学优秀成果奖2项，河南教育厅各类奖励12项；获"河南工业大学教学标兵"，"'我爱我师'——我心目中最喜爱的老师"等称号。

前　言

伴随网络媒体和社交媒体的普及，政治经济全球化下的国际形势和传媒形势都发生了深刻变化。西方发达国家凭借经济实力和信息传播技术在国际舆论战中占得先机。中国迫切需要提高国际传播能力，促进世界信息传播秩序公正合理的发展。在互联网发展背景下，新技术既给传统媒体带来了冲击，也给信息传播的发展提供了巨大潜力。由此，在当前发展趋势的推动下，我国的新型主流媒体为了谋得长久而持续的发展，就必须走向数字化转型之路，它们在此基础上也在朝着不同的方向进行努力和尝试。基于我国传统报业发展的雄厚基础和资源优势，新兴媒体以新闻网站的建设和"两微一端"为突破点继续向前发展，从而进军新媒体领域，推动传统媒体行业实现转型。

中国在国际传播过程中要谨记中国梦，中国梦核心价值观念的传播能实现硬实力和软实力的统一，推动经济发展的硬实力及公共外交和文化外交的软实力的提升。树立中国梦是树立中国国际形象的过程，"文化中国"的国际形象能增强国家软实力和国际影响力。

今天，拥有五千年历史文明的中国已经成为世界第二大经济体，源自中国的发明创造和独特文化影响着人类各个阶段的发展进步。在现代思潮的影响下，新时代的中国始终坚持将国家成果与世界共享，由此国家主席习近平提出的"一带一路"倡议，就是要"携手应对人类面临的各种风险挑战，实现互利共赢、共同发展"。[①]

"一带一路"倡议自 2013 年提出以来，已经成为 21 世纪最受欢迎的社会公益和最大的合作平台。当前，"一带一路"倡议进入了稳步发展和持续增长阶段。"一带一路"倡议也已纳入联合国、上海合作组织及中非合作论坛等国际组织的

---

① 华玲，罗巧玲，何宜儒.新时代大学生弘扬伟大民族精神教学体系构建研究[M].北京：新华出版社，2022：106.

成果文件中。中国已经向世界表明,"一带一路"倡议旨在促进国际社会开放合作、互利共赢。作为负责任的大国,中国希望在解决全球问题中发挥积极作用,加强与"一带一路"倡议框架内其他国家的多样合作。

在内容上,本书共分为五章:第一章为国际传播的概述,主要就国际传播初识、国际传播的内容、国际传播的战略目标三个方面展开论述;第二章为新媒体时代的传播研究,主要围绕新媒体的概念与特点、新媒体时代国家的国际传播力、传统媒体时代的中国国际传播力研究、融媒体语境下的中国国际传播力探究四个方面展开论述;第三章为中国国际传播力的特殊形式,依次介绍了中国公共外交、中国文化外交两个方面的内容;第四章为中国当代价值观的国际传播,依次介绍了中国当代价值观建设及其国际传播的兴起、中国价值观国际传播的对外话语建构、中国价值观国际传播的媒体平台构建三个方面的内容;第五章为"一带一路"倡议与国际传播研究,分为四部分内容,依次是"一带一路"的时代背景、主流媒体对"一带一路"的建构、"一带一路"全球传播构建新的话语体系、"一带一路"全球传播战略构想。

在撰写本书的过程中,笔者得到了许多专家学者的帮助和指导,参考了大量的学术文献,在此表示真诚的感谢。由于笔者水平有限,书中难免会有疏漏之处,希望广大同行及时指正。

沈国荣
2022 年 11 月

目 录

第一章 国际传播的概述 ... 1
  第一节 国际传播初识 ... 1
  第二节 国际传播的内容 ... 14
  第三节 国际传播的战略目标 ... 31

第二章 新媒体时代的传播研究 ... 39
  第一节 新媒体的概念与特点 ... 39
  第二节 新媒体时代国家的国际传播力 ... 45
  第三节 传统媒体时代的中国国际传播力研究 ... 48
  第四节 融媒体语境下的中国国际传播力探究 ... 68

第三章 中国国际传播力的特殊形式 ... 81
  第一节 中国公共外交 ... 81
  第二节 中国文化外交 ... 89

第四章 中国当代价值观的国际传播 ... 113
  第一节 中国当代价值观建设及其国际传播的兴起 ... 113
  第二节 中国价值观国际传播的对外话语建构 ... 122
  第三节 中国价值观国际传播的媒体平台构建 ... 136

第五章 "一带一路"倡议与国际传播研究 ····················· 144
　第一节 "一带一路"的时代背景 ························· 144
　第二节 主流媒体对"一带一路"的建构 ····················· 157
　第三节 趋势与时势："一带一路"全球传播构建新的话语体系 ········ 170
　第四节 理念与路径："一带一路"全球传播战略构想 ············· 173

参考文献 ·· 182

第一章 国际传播的概述

通过研究调查发现，真正具有现代意义的国际传播实践最初出现在19世纪末20世纪初。在当时，人们的思想得到了极大的解放，同时科学技术的飞速发展也带动了信息传播和通信技术的改革。在物欲横流的时代环境中，人们渴望获得更多的知识和信息以发展自己，以求提升自己在国际中的地位，人们也正是由此步入了信息化时代，而所谓的国际传播对历史上各个国家的发展都起到了非常重要的作用。本章为国际传播的概述，主要从国际传播初识、国际传播的内容、国际传播的战略目标三个角度进行研究。

第一节 国际传播初识

一、国际传播的内涵与外延

显而易见，我们理解"国际传播"可以先将这个词语进行拆分，也就是从"国际"和"传播"两个方向和视角来进行分析和了解。例如，从学科和学术的角度来理解，国际传播应该是传播学的一个研究分支；而从人类传播实践的角度来分析，它则是国际社会沟通和交流、国际受众获知信息的主要渠道。本书主要从后一个角度对国际传播这一概念进行阐释。

（一）国际传播的内涵

1. 国家与国际社会

在当代的国际关系中，显然国家是作为行为主体而存在的，而要想有效实现国际信息的传播，就首先要具备行为行使主体，也就是以国家的身份来开展一系列的国际行为。根据国际法的规定，一定区域范围内之所以可以被定义为一个国家，首先所要具备的就是四个基本要素：定居的居民、固定的领土、健全的政府组织和完整的主权。国家之所以在世界舞台上发挥极为重要的、最为活跃的作用，关键在于它既是稳定的政治、经济和文化实体，又拥有主权，与此同时又具有使用一些手段来参加国际事务的能力。众所周知，一个国家的基本职能就是具有一定的领土主权，可以保护自己国家的国民免受其他国家的侵犯，同时也具有维护国民正常权利的能力，可以完成其中少部分人不能完成的事务，这些职能都给予了国家异常丰富的内涵和特色。

在国际事务中，国家利益是各国制定政策、参与国际事务的出发点和归宿。一般来说，国家利益所包含的范围是十分广泛的，大致可以分为国家安全权益、国家政治权益、国家经济发展权益、国家文化发展权益和国际社会中的平等互利权益五部分内容。其中，所谓的国家安全权益所指的自然是保护国民的生命和财产安全等一系列权益不受损害，同时维护国家领土的完整，可以将其细化为国防安全、政治安全、经济安全、文化安全四部分内容。国家政治权益，顾名思义所指的就是维护国家正常的外交权力，可以独立管理自己国家的事务，不受其他国家的干扰，这有助于推动国家社会制度的完善和意识形态的形成。国家经济发展权益自然就是从经济的角度来看待国家行使的职能，也就是维护国家经济发展环境，从科技、文化等多层面来推动国家经济的繁荣和向上发展。国家文化发展权益所指的就是拥有自己国家文化的权益。国际社会中的平等互利权益是指彼此享有同等待遇，互相有利。

由此看来，一个国家要想在国际事务中充分发挥自己的积极影响作用，就要具有在政治、经济、文化等多层面维护本国权益的能力和水平，这对于全球一体化进程的深入发展也是十分有帮助的。在这个过程中，国家可以通过依靠自己在国际上的地位来为自己谋求利益，这也是一个国家积极参加国际事务的一大因素。

众所周知，国家在国际信息传播的过程中所起到的不仅是根基的作用，与此同时，国家也是信息的发出者和承受者。而通过研究调查我们发现，在世界范围内的信息传播渠道和受众归根结底都会聚焦到某一个国家身上。在信息高度发达和文化产业迅速发展的今天，如何在国际上占有一席之地，信息传播和文化交流对于国家来说变得愈发重要。

各主权国家进行信息沟通和文化交流离不开一个共同的平台，这就是我们所说的国际社会。一般来说，我们是这样对"国际社会"进行定义的，即由不同行为主体所组成的，以共同的既定利益目标为基础而形成的利益共同体[①]。而在此基础上深入思考，我们就会发现，这个概念其实是包含多层次内容的，是从低到高递进的，是与"国家"和"社会"既相联系又相区别的。我们一般会将国家看作是构成国际社会这个大环境的基本单位，但同时这些单位在开展活动时，是既具有联系同时又具有相对独立性的。由此看来，我们对于国际社会的理解就可以抽象为涵盖所有国家和社会个体在内的一个集合体。

当我们意识到这一点后，就会发现国际社会与国内社会本身是存在一些共通点的，如它们在权威中心和利益诉求方面具有高度的一致性。国际社会所表现出的行为不仅着眼于整体的大环境，同时对于其内在的独立行为主体也是同样关注到的；这一道理对于国家个体同样也是适用的，它们所关注的最终利益不仅是定位到"自我"身上，同时对于全人类的利益也同样有所关注和涉及。

但是，它们之间也同样存在一定的差异性。这从国际社会的角度来说就是：保证国民正常的生活生产，维护正常的社会秩序；反对暴力行事，主张采用法律的手段来解决争端；主张公平公正的处事原则，使人的思想得到充分的解放和尊重等。一般来说，我们就会将诸如以上的一些利益和要求作为国际社会上的行事准则，这也同样是衡量国际社会发展水平的基本要素。

在国际社会中，我们所追求的一直是一种全局层面上的"安全"。从深层次来说，我们将"国际安全"的价值细化为以下几部分内容：一是经济安全；二是战争安全，因为不论是从国际层面还是国家层面来说，将众多国家卷入战争对于国家和世界发展都是不利的，战争极易升级，整个国际社会也无法稳定下来；三是武器安全，我们要保证武器的正常使用，避免大规模的武器扩散，因为这极易造成国际层面的暴力冲突，武装斗争频繁，造成众多国家的人民流离失所。这些问题都离不开信息的传播和文化的扩散[②]。

国际社会的形成、发展本身就与国际传播互为因果，而相反，国际社会也为国际信息的传播提供了平台。由此可知，在国际传播过程中，不可或缺的行为主体就是国际社会中的国家成员，它们在其中所起到的是举足轻重的作用。

---

① 周文. 新军事变革背景下的中国军事新闻传播研究 [D]. 成都：四川大学，2007.
② 王勇. 国际社会与全球社会 [J]. 哲学动态，1994（6）：8-10.

2. 国际传播

对于"国际传播"的定义，我们可以从广义和狭义两方面来界定。从广义的角度来说，各种形式多样的跨越国别传播形态都是属于这一范畴的，如新闻传播、影视传播和组织传播等都是如此，因为这些都是伴随着国家的发展而发展的。从狭义的角度来说，所谓的国际传播所指的就是将国家和社会作为传播的基本单位，同时将"大众传播"作为主要传播形式的一种行为[1]。

对于以上所述的"国际传播"概念，著名的传播学者哈米德·莫拉纳（Hamid Mowlana）曾经这样说过："我曾把国际传播定义为：包括通过个人、群体、政府和技术，在两国、两种文化或多国、多种文化间传递价值观、态度、观点和信息的研究探索领域，同时是对促进或抑制这类信息相关体系结构的研究。"[2]

对于狭义的国际传播，国内新闻学界从多个角度给出了定义。我国著名的学者刘继南教授就曾将国际传播定义为：通过大众传媒形式将特定国家或社会向其他国家进行传播，我们也可以将其看作是各个国家或是地区范围内的政治、经济等综合水平的一种体现，当然这种体现是具有局限性的[3]。同样，程曼丽教授将国家传播看作是一种跨文化的交流活动和行为，这同样是将特定国家作为行为主体的[4]。

除此之外，还有相当多的学者对"国际传播"一词发表了自己的看法，如他们中有部分学者认为，所谓的国际社会就是将特定国家或地区作为行为主体，同时利用大众媒介的传播形式，将信息传递到其他国家或地区"手中"，如报纸、音像制品和互联网等都是十分优越的传播媒介[5]。

有学长认为，国际传播所传递的就是不同国家、民族或地区间的信息，通过一定的传播媒介将信息传达出去，而这一过程也将各个国家、民族或是地区作为信息传播的主体和受体[6]。

有学者认为，所谓的国际传播是必须跨越两个国家（文化体系）或以上的信息交流才可以被称为"国际传播"，而这里我们所提到的"信息交流"，所指的就

---

[1] 程曼丽. 信息全球化时代的国际传播 [J]. 国际新闻界，2000（4）：17-21.
[2] 郭镇之. 全球化与文化间传播 [M]. 北京：北京广播学院出版社，2004：323.
[3] 刘继南. 国际传播与国家形象：国际关系的新视角 [M]. 北京：北京广播学院出版社，2002：2.
[4] 同[1]。
[5] 蔡帼芬. 国际传播与对外宣传 [M]. 北京：北京广播学院出版社，2000：15.
[6] 吴玉玲. 新技术条件下国际传播的发展变化 [J]. 新闻与传播研究，2001（4）：61-67；96.

是各个层级的行为主体，通过多种手段和方式将信息传递或是转移出去的过程①。

还有学者认为，我们可以将"国际传播"定义为一个领域，而在这个领域内所研究的就是个人、社会或是国家是如何将自己的文化观念传递出去的，同时我们也可以将眼光放得长远一些，意思就是这不仅可以理解为简单的信息输入、输出，也可以被理解为一种分析信息传播渠道的虚拟空间和研究"机构"。此外，国际传播还探析人类得以开展传播的彼此认同的内涵。

除此之外，还有人将国际传播的主要媒介看作是大众传播媒体，也就是国际媒体，是一个跨越时间和空间所进行的文化交流过程，是将特定的民族或国家作为主体来开展的②。

综上所述，我们可以得出这样一个结论，那就是国际传播是始终在国家、民族和地区之间传播的。

尽管定义尚未统一，但从这些定义中不难看出，即便是狭义上的国际传播，也不完全等同于大众传播。

第一，从传播的主体和受体性质来看，它们应当是分属于不同文化层次的，也就是说，它们不能是同一国家、民族或地区，由此我们认为，国际传播这一行为本身是具有外向性和国际性特征的；第二，从功能角度来说，国际传播本身所起到的是不同主体间的协同作用，也就是说，通过这一行为是可以达到不同国家、地区或是民族间相互协调的目的的；第三，国际传播活动所涉及的行为或手段都采用的是大众传播的形式来实现的，也正是因为这样，其本身是更为注重传播的内容品质和最终效果的。

具体地说，国际传播的基本观察单位是国家，研究范围从政治到文化无所不包，最终的目的就是在世界范围内能够做到信息的传递和文化的交流。

综合以上对国际传播所下的各种定义可发现，在我国学术界内，学者对于"国际传播"这一概念基本达成了共识，他们绝大部分都是从狭义的角度出发来对这一词汇进行分析和理解的。也就是说，我们普遍将"国际传播"认为是一种国家（民族或地区）间的信息交流行为，同时这一行为应当是将大众媒体作为最基本的传播媒介。除此之外，我们也认为，国际传播的主体行为单位就是一些在国际

---

① 陈绚. 国际新技术媒介传播体系的形成及其负面影响 [J]. 国际新闻界, 1998（3）: 20-23.
② 郭可. 国际传播学导论 [M]. 上海：复旦大学出版社, 2004.

上比较有影响力的组织，而它们往往更加关注的是世界范围内的国际信息传播过程，主要的聚焦点就是放在政治、经济和文化等众多层面的变化和影响上。但是在国外，还是有相当多的学者会倾向于较为广义的解释方法，他们认为所有跨越国别的传播行为都是可以被定义为国际传播的，这其中不仅有国家、民族等，还包括了个人和群体等各种社会形式。

（二）国际传播的外延

为进一步了解国际传播，在明确了国际传播的含义之后，我们还需关注和国际传播密切相关的几个领域。

1. 国际传播与国际政治

一般来说，我们会将"国际政治"定义为各个行为主体将在国际范围内所产生的相互作用或是影响。"国际政治"之所以被称为"政治"是有一定原因的，这是因为它本身是将国际政治作为主要的"纲领"来看待的，突出的就是不同国家间的政治关系，而将这些关系串联起来所最终组成的就是国际系统。在国际上，我们一直聚焦和强调的就是国家安全，不仅是政治安全，还涉及军事和经济等众多方面。总的来说，我们往往会将国际冲突和合作看作是国际政治的基本呈现形式。国际传播与国际政治之间有着十分密切的关系。总体上说，可以概括为以下几点：第一，国际社会的大系统中所囊括的范围是十分广泛的，不仅有国际传播，国际政治也同样从属于这个范围之内；第二，国家传播和国际政治二者虽说都是相互独立的，但它们之间也会相互影响，或是促进的正面影响，抑或消极的抑制影响；第三，与国际传播相比较，国际政治的参与者相对较少，同时所有的国际政治参与者都必定是国际传播的参与者，除此之外，还有一些个体或组织群体。

由此看来，国际传播对于国际政治的影响还是十分深入的。一般来说，我们会更倾向于从现实的角度，来对国际传播对国际政治所造成的影响进行分析。

首先，显然国际传播行为对于国家主体间联系的加深是十分有帮助的，在这一过程中各个国家都有了深入了解彼此的机会，而以往的一些偏见和芥蒂就会在无形中消失，这也由此经常作为调节国际冲突的有效方法之一。众所周知，虽说当今世界正在朝着"一体化"的方向发展，但毕竟各个国家在政治、经济、地理条件和水平等方面都是存在客观差异的，因而也导致不同国家国民的平均受教育程度和思想解放程度也是有所不同的，这也是导致国家间摩擦和冲突不断的导火索之一。由此看来，只要在国际所提供的这个广阔平台上积极进行信息和文化的交流，那么就可以从更为丰富的层面来了解对方，从而最终达成和谐相处的目标。

其次，显而易见的是，国家间的交流和联系因为国家传播行为而变得更加紧密和频繁了，因而全球一体化也有逐渐加深的趋势。因为国际传播行为的存在，不同的行为主体有了更为广阔的平台去吸收先进的知识和技术，在思想境界上也有了相当大的提升，它们认识到了利益本身所具有的共性，从而为日后的交流和合作打下了坚实的基础。与此同时，我们可以发现国际传播本身就是一个交流合作的过程，因为国际传播的存在，具备不同层次和水平的国家得以有机会去合作和交流，这在以前是完全不敢想象的。现如今，世界范围内乱象频发，海啸、地震、毒品泛滥、粮食短缺等，这都是需要亟待解决的，而这显然依靠一个国家的力量是无法完成的，需要的是世界范围的人们共同携起手来，才有可能突破困境。总而言之，国际传播行为在一定程度上将人们的精神凝聚起来了，人们有了共同为之努力和奋斗的目标，在物质水平上也有了很大的提升。例如，2010年巴基斯坦发生洪水，数百万民众流离失所，生计受到严重损害。经由有效的国际传播，中国、美国、阿拉伯国家等都给予了巴基斯坦人力和物力上的援助，帮助其渡过难关。国际传播的作用，可见一斑。

再次，国际传播的不断深入也在一定程度上对国家政治发起了新的挑战。从现如今的发展状况来看，整个国际范围内的信息迭代和变化速度都十分迅速，不同国家（民族、地区）之间的人们开始频繁交流，也正是因为这样使得国际政治领域中频繁出现问题。其中最为值得关注的，就是国际和国家的界限不再如以往一般清晰可见，在严重时人们甚至已经无法区分二者了。这无疑与世界的一体化趋势脱离不了关系，就算是世界上最封闭的国家，在处理国家内务时也不得不考虑一些国际因素和国际大环境对其本身可能会造成的影响。除此之外，当一个国家的主权发生了变动，那么以往的一些国内外的界定标准显然已经不再适用了，这就说明虽说是一个国家的政治内务，但其本身又具有很强的国际属性。

最后，根据现在的发展形势，我们甚至可以预见到未来的国家政治变化趋势，那就是势必会引起更大范围和规模的国际冲突和矛盾。由于国际传播还是要通过一定的传播介质进行，但大众传媒在选择信息时难免会出现导向、侧重，这样就有可能突出某种问题或矛盾，通过影响接收信息的一方从而影响决策。在信息时代的今天，人类社会可能会"成也萧何，败也萧何"，因此各国和国际组织常常对国际传播进行引导和干预。

2. 国际传播与国际新闻

国际新闻学是与国际传播学关系最紧密的一个分支学科。确定国际新闻和国际传播的联系与区别，是对国际传播进行深入研究的必经步骤。

对于究竟什么是"国际新闻"，学界内一直争论不休，至今也没有一个确切的结论。翻阅国内外著名的新闻学和传播学词典，我们可以发现，其中甚至没有"国际新闻"的相关条目，而在一些百科全书中我们也无法得到自己想要的答案。通过阅读一些国外的著作我们可以发现，他们往往认为"国际新闻"与"外国新闻"二者是画等号的，与之相对应的就是"国内新闻"或是"地方新闻"。由此看来，在一些外国作家眼中，国际新闻所指的就是在本国领土范围外所发生的一些新闻事件。

虽说我们无法在国内的相关词典中找到有关"国际新闻"的词条，但还是可以发现诸如"国际报道"或是"对外报道"等类似条目的。由此，就有人作出了大胆的假设，他认为所谓的"国际新闻"，就是一些传播载体将发生在本国范围以外的一些新闻事件报道出来，如电台、报纸和电视台等都在其中发挥了这样的作用，国内的人们就可以接收到一些意想不到的信息，这就是国际信息的一种传播形式[1]。我国著名学者刘洪潮教授在此基础上对"国际新闻"进行了一种更为广泛的定义，在他看来，国际新闻就是"国际新闻+对外传播+参考消息"的一种组合形式，是由国内媒体报道的有关其他国家或地区的一些政治、经济、文化等相关新闻的报道和评论，同时还包括中国新闻向其他国家传播的过程，最后由外国媒体报道出来，这都属于"国际新闻"的范畴[2]。

如果用更为抽象和广泛的概念来界定的话，我们认为，国际新闻就是一种既跨越了国家之间的地理界线，同时也跨越了文化界限的一种信息传播形式，或者我们也可以将其称作"新闻在国际范围的一种流动和传播"[3]。

由此看来，我们可以肯定的是，国际新闻是从属于国际传播范围内的，或者

---

[1] 马胜荣. 新华社国际新闻编辑部. 走向世界：新华社国际报道70年〔1931—2001〕[M]. 北京：新华出版社，2001.
[2] 刘笑盈，贺文发. 俯视到平视：外国媒体上的中国镜像 [M]. 北京：中国传媒大学出版社，2009：77.
[3] 刘笑盈. 国际新闻史：从传播的世界化到全球化 [M]. 北京：中国广播影视出版社，2018：109.

我们也可以说国际新闻之所以在众多的国际传播形式中脱颖而出，就是因为其本身所具有的即时性、真实性和客观性特点。因而，从本质和概念的角度出发，国际传播本身所传播的内容不仅是新闻，还有一些非新闻形式的文化传播也同样属于这个范围，而所使用的传播媒介也不再限制于电视台和报纸等，书籍和电影等也同样可以起到传播信息的作用。

由此我们就可以清晰地知道，在进行国际传播的过程中是需要重点强调国家主体性的。从历史上看，实际上最早出现的是国际新闻，而非国际传播。有人通过研究分析认为，最早的国际传播是始于1835年的电报和通讯社，但是真正意义上可以称之为国际传播的则是开始于20世纪初美国电影市场的输出和国家广播的出现。

3. 国际传播与全球传播

当国际传播逐步发展壮大的同时，另外一个概念越来越受到学界的重视，那就是我们所说的"全球传播"。著名的美国学者霍华德·弗里德利（Howard Fried）就曾经提出了有关"全球传播"的概念。他认为，全球传播的主要研究对象不仅是社会上的个人或群体，而是跨越国界的、由他们所发出的价值观或是意见、态度等，是这些的交叉点和融合点。在霍华德·弗里德利看来，全球传播所包含的范围是十分广泛的，如国家的政治和文化、国际纷争及其解决技术、经济观念、战争与和平和大众传播制度等[①]。

全球传播是在全球经济一体化进程不断深入的背景下产生的一个概念，它同国际传播不能完全等同。国际传播和全球传播两个概念既有区别又有联系。

首先，两者都涉及跨国界的信息传播，但在概念、内涵和研究范围等方面又有不同。我们也可以这样认为，在传播所涵盖的范围中，全球传播是要远远大于国际传播的，这是因为全球传播本身所关注的和最终的立足点是在全球性上，这与国际传播所注重的各个国家之间的关系是有所不同的。以往在开展国际传播行为的过程中，我们往往是将行为主体看作是各个国家或是世界性的组织，但是全球传播却与此有所不同，那就是开展行为活动的主体变得多元化了，从单一的国家或组织变成了企业、跨国集团甚至是个人都可以作为主体而存在。从传播媒介的形式方面来看，国际传播主要使用的就是最普遍的大众媒体，但与之不同的是，

---

① 刘继南. 国际传播与国家形象：国际关系的新视角 [M]. 北京：北京广播学院出版社, 2002：111.

全球传播过程中出现了国际电话和国际传真等媒体形式的身影。从处理问题的关键点上来看，全球传播所关注的事件明显更具全球性质，主要是集中在环境问题、战争与和平和人口与资源等问题上。

众所周知，国际传播的一大鲜明特点就是它跨越了国家之间的地理和文化界线，进行的国家之间的交流，而全球传播则是在此基础上更胜一筹，它已经不再关注国家之间的小事了，而是继而将关注点放到了世界层面上。从某种程度上来说，这种行为的变化是取决于时代的科技发展速度和水平的，尤其是互联网的产生和发展，更是促进了国家之间和国际水平事务的处理，但这不是唯一的促进因素，其中更为关键的是卫星技术的发展。经过研究调查发现，处于世界各国和地区的人们之所以能够使用电话或网络进行沟通和联系，就是因为卫星的存在，这就是他们获取信息渠道的基础，也可以说卫星就是全球传播的关键。

不仅如此，全球传播还具备一个十分鲜明的特性，那就是传播的实时性。这种传播方式极大地改变了各个国家人民的生产生活方式，国家之间的壁垒被消除了，人们从心理和生理上都更加容易接受新事物和新产品。由此看来，在当前媒体发展潮流的影响下，更加占据媒体优势的国家自然在信息传播过程中更容易把握住时代的脉搏，更容易"控制"各个国家国民的思想发展动态，而对于那些媒体行业和产业发展不占据优势的国家来说，它们在发展的过程中就只能被其他国家所压制，甚至严重时会丧失自己的控制和生产能力。总而言之，从当前的传播媒体发展趋势来看，往往具有主动权的就是那些全球性的媒体集团，而其他的国家、集团或个人就只能受它们的影响来行事。

由此可见，国际传播主要强调的是国家、民族之间的沟通和交流，而全球传播则进入了信息文化的融合、一体化的进程之中。

二、国际传播的基本特征

国际传播作为传播中的一种特有形式，具有政治性、跨国性、跨文化性和时代性四个基本特征。

（一）政治性

显而易见，国际传播所具有的一个鲜明特性就是政治性。这是因为，在绝大多数的国家主导政府眼中，国际传播的国家理念或方式方法都是以国家利益为主要传播原则的。一般而言，在国际传播的过程中各个国家往往是将国家利益和政府形象放在首位，而绝大部分传播者会控制负面消息的流出，而选择那些对自己国家有利的正面消息，以维护国家和政府的形象。不仅是对外传播，对本国国民进行信息传播时，也同样会考虑到这一点，将那些不利于本国政治、经济和文化等发展的消息剔除掉，转而只宣扬那些正面积极的消息。

国际传播（特别是国家宣传机构的对外宣传）的政治色彩浓厚。各国政治纷繁复杂，但均注意群体利益，主要表现为权利的运作和利益的维护。在国际传播中，国家作为主角，加入国际传播活动中。以美国为例，尽管政府从形式上不允许介入国内广播等传播媒介，但是国际传媒控制在政府手中，如美国之音就直接受美国国务院控制。由此，国际传播的出发点就是处于一个国家的政治考虑，因为一个国家所进行的国际传播行为最终会对本国的政治、经济等产生一定影响，同时这一行为也受本国环境和对外政策的影响较大，是为国家外交服务的。

尽管所有国际传播都会带有政治色彩，但并不是所有国际传播过程中的政治性特征都那么明显。在实际的国际传播过程中，我们既可以选择将政治特性凸显出来，也可以将政治特性隐藏起来，这其实与国家的政治经济政策是有很大关系的。例如，新闻界所说的"假信息"，即散布错误信息，由驻外媒介进行收集和报道，然后由国际广播电台和通信机构进行再传播。这也是利用虚假新闻进行的隐秘政治宣传。

在与国际传播相关的国际组织中，它们的活动开展都存在着政治考虑的元素。像联合国教科文组织和国际电信组织等国际组织，虽然它们表面上看是非政治性的，但是其程序和建议不得不受到国际政治现实的影响。在这类国际组织中，如想确定国际广播电磁频率的分配、决定卫星同步轨道、决定卫星信号溢出的规则、采纳新的传播手段、选定高清晰度电视技术参数等问题时，都包含着政治考虑，考虑在信息和传播时代如何维护国家主权和国家利益。

（二）跨国性

从上文我们所提及的有关国际传播的狭义理解可知，所谓的国际传播就是将大众传播作为主要的传播媒介形式,从而所开展的一系列跨国行为或是活动。由此看来,国际传播的首要特性就是跨国性。

我们观察在世界范围内所流传的信息洪流就可以知道,绝大多数信息都是由国家的官方机构或是组织发出的,而这些信息由于本身所具有的政治性,它们在客观性上就稍显薄弱,因为政府或是官方机构在发布信息时自然都会选择对本国有利的信息发出,旨在通过一定的手段或是方式对其他国家国民的感知能力等造成影响。事实上,世界上绝大多数国家都建立了对外传播和文化交流机构,有意影响外国受众。

不仅如此,对于国际传播而言,还有一些行为或活动也同样可以起到信息传达的作用,如海外节目和国际公关活动等。归根结底,这其实就是利用报纸和电影等多样化的载体形式进行信息的传播和交流,从而达到一定的信息传播效果和目的。

随着经济全球化和通信事业的发展,各类跨国公司在国际传播过程中起到了越来越大的作用,跨越国际传播的信息量不断增加。W. 里斯顿(W. Wriston)论述了跨国公司发展趋势的影响:世界公司已经成为旧平衡中的一个新的砝码,一定会在把世界推向思想和生产方式更自由的方向,发挥更为关键的作用,这样人们可以在同一天享受真正的全球社会的文明成果。正是由于跨国公司或集团开始在国际事务中充当更为重要的角色,它们开始逐渐在国际上占据一定的领导地位,传播力和影响力也与日俱增。

此外,国际组织是国际传播中具有特色的行为主体。无论是政府还是非政府国际组织,它们常常是国与国信息交流的场地,成为国与国信息传播的中转加工站。在当今国际社会中,特别是联合国建立以来,国际组织的数量越来越多,发挥的作用越来越大。因而,在进行国际交流活动过程中,国际组织也开始发挥越来越重要的影响,也开始承担越来越重大的责任。

当然,无论是对个人、公司、媒体等国内的各种行为者,还是对国际组织行为者,国家在国际传播过程中都最为重要,发挥着核心作用。因为舍弃了国家,就无从谈起国际传播,因此国际传播的跨国性特征不容忽视。

(三)跨文化性

国际传播不仅与政治紧密相关,而且与文化也密切相关。政治与文化,既各自独立，又紧密相连。

每个国家都有自己独特的民族文化，这在一个国家国民的价值观、所信仰的宗教或是语言上都有所体现。与此同时，国家的民族文化自然在历史的发展过程中也是会渗透到政治行为和民族法律之中的。从某种程度上来说，本身民族文化的存在就会对国民的行为和思想有一定的制约作用，我们可以将其看作是行为准则或是思想行为基础，也可以说是观察和思考事物的工具。由此看来，我们就可以将国家之间的交流看作是各个国家之间文化的互动行为。国际传播过程中不能只注重国家的政治、经济、安全，这些实际上都是存在文化根源的。

由此看来，其实国际传播与跨文化传播在一些方面是具有很强的相似性的，但显然跨文化传播实施起来遇到的困难要多得多。我们在进行跨文化传播和交流的过程中遇到的最大障碍就是各个国家语言和宗教上的差异，除此之外，民族文化的不同自然也就在行为开展过程中造成许多阻碍，文化冲突和误解不断，严重时甚至会造成不可挽回的后果。国内传播在单一民族国家中是同文化传播，在多民族国家中是跨文化传播。

由于国际传播具有跨文化性，致使信息接收国（特别是弱小国家）的文化变异性增强。实际上，在国际传播的过程中，那些在文化和经济实力上较为雄厚的国家，自然在进行信息输出时就具有先天的优势，它们的文化价值观念对其他国家的影响力也明显要更大，其中不仅包含政治和经济观念等，还有民风民俗等都属于这一范畴之内。而一些实力明显不足的发展中国家，就极易受到他国的影响，最终产生向西方国家文化变异的趋势。因而，为了保护本土文化，很多弱国与主张信息自由流通和传播权的文化强国之间，展开了激烈的争论。

国际传播与跨文化交流之间有着密不可分的联系，尤其是在全球一体化趋势日益加深的今天，人们也开始注意到文化产业对于一个国家的重要程度，它们之间的重合面积在不断扩大。

（四）时代性

往往在不同的时代观念影响下，处于不同历史阶段的国际传播活动最终造成的效果也是有所不同的，这就是它时代性的一种表现。

众所周知，国际传播所具有的功能是十分复杂的。从政治的角度出发，国际传播不仅可以塑造国家形象，加强政治信息的交流，国家的软实力也会在不断的传播过程中有所提升；从经济的角度出发，在进行经济信息交流的过程中，世界经济发展的大趋势已经十分清晰明了，自然也就可以从大局出发找到更有利于国家经济发展的方向；从军事的角度出发，国际传播本身就可以从舆论的角度来为军事行动的开展提供思想上的支持，本国的军心得到了稳固，自然最终就会取得胜利。

从国际传播的发展历程上来看，其实这些功能和作用并不是孤立存在的，在某一个历史时期我们是可以看到多种功能同时发挥作用的，这是因为世界本身就是一个发展的集合体，自然在不同的阶段会呈现不同的特征和特性。当今全球一体化的进程不断推进，国家在政治、经济、文化等方面的交流日益频繁，国际传播的功能也变得日益丰富。

此外，信息技术的不断发展也是促使国际传播在不同时代具有不同特性的原因之一。在纸质媒体和广播媒体传播时代，媒体形式比较单一，受众能够选择的信息来源较少，国际传播尤其是媒体国际传播的效果十分显著，因此传播学界产生了所谓的"魔弹论"；而在当今网络技术迅猛发展、世界交流空前频繁的条件下，国际传播也随之变得更加复杂，多层次传播交错，形成所谓的"信息爆炸"时代。

第二节 国际传播的内容

一、国际传播——政治信息的传播

国家或者说政府，是国际传播中最重要的主体之一。在国际传播中，政府对相关信息的把握和控制，具有得天独厚的优越条件，这使得国际传播往往带有较浓厚的政治色彩。国际传播学界甚至有"政治国际传播"之说，将政治国际传播界定为国际传播与国际政治的交叉学科。例如，李智《国际政治传播：控制与效果》（北京大学出版社，2007年），兰斯·班尼特（Lance Bennett）《新闻：政治的幻象》（当代中国出版社，2005年），周鸿铎《政治传播学概论》（中国纺织出版社，2005年）等，基本上都是将政治活动中传递的信息，放在大众传播或者国际传播语境下进行考察，并探讨其传播的规律和特点。

（一）政治信息的分类与特点

1. 政治信息的分类

如果从信息的内涵来看，在国际传播信道中流动的政治信息，大体上包括四类。第一类是国家颁布的法律法规和与之相关的信息。法律法规是世界上任何国家正常运转所需要建立的规章制度。在全球政治经济一体化的当今世界，各国往往都需要将本国新制定的法律法规向其他国家公告，以更好地进行交流和沟通。第二类是有关政府各部门运转、运营情况的信息。目前，全世界各国交流频繁，各国公民出入其他国家，都不可避免地会与他国的相关政府部门产生联系，因此，了解他国的政府部门运作情况和工作状况，就成了国际公众日益关心的问题。为了更好地促进不同国家与文化之间的交流，各国政府都必须做到政务公开、信息透明，不仅要让本国公众感到放心，还要让国际公众觉得满意。第三类信息，是有关国家重要活动的信息，包括重大工作、重要事件和重要活动等。现在，全球已逐渐变成一个地球村，各国公民也都是世界公民，其工作、生活的范围并不仅仅局限于一国之内，他们游走在世界各地，关注各国动态，也将各国的信息传入送出。因此，在这种背景下，已经很难再有传统意义上的那种思想囿于一隅、仅对本国民众产生影响的政治活动了。政治活动已经日益国际化、多元化，其影响力也越来越广泛，这就使得世界各国必须慎重对待国家重要活动信息的发布和传播，这如同一把双刃剑，运用得当，将为国家的国际形象加分；反之，运用不当，则会造成不好的国际影响。此外，还有一类是与国家发展、规划相关的重要统计数据、资料、报告等。与前三类信息不同，这类信息由于涉密程度较高，虽然广为国际社会所关注，却是不能轻易传播的信息。

2. 政治信息的特点

（1）复杂性

从国际传播中政治信息的分类也能看出，政治信息的一个重要特点就是复杂性。在国际政治舞台上，从来都没有永恒的朋友，也没有永恒的敌人，各国都可以从自己的立场出发，传送有利于己方的信息，并对信息作出不同解释。因此，在国际传播活动中，常常能看到，就某一问题相关国家各执一词，争论不休。

（2）隐蔽性

政治信息的另一个特点是隐蔽性。如上文所述，政治信息在一定程度上会涉及国家机密，从保护国家安全的角度出发，各国都不约而同、或隐或显地对政治信息的隐蔽性有所要求。例如20世纪五六十年代，由于信息的高度保密，中国研制"两弹一星"的专家们在艰苦的条件下默默奉献多年，为中国的国防事业作出了巨大贡献。他们的工作是如此的机密，甚至连家人都不知道，直到多年后，信息解密，他们的功勋和成就才得以公开，被社会大众所熟知。除此之外，还有我国在2010年所进行的《中华人民共和国保守国家秘密法》的修订，其中指出"一切国家机关、武装力量、政党、社会团体、企业事业单位和公民都有保守国家秘密的义务"[1]，并对涉密文件的解密时间、违反相关法规后必须承担的责任以及相关的惩处，作出了详细且严格的解释。

再如2010年闹得沸沸扬扬的维基解密事件，在国际上掀起了轩然大波。自当年的11月28日起，维基解密就开始公布有关美国的多份秘密电报，这一事件也被当时的意大利外交部部长称作"世界外交的9·11事件"。从已经解密的文件来看，多处涉及美国的核心政治机密引得华府上下震怒不已，对维基解密多加指责和干涉，并对美国相关企业进行施压。在强大的政府压力下，维基解密的美国服务器提供商不得不中止向其提供服务。从中可以看到，只要世界上始终存在着国家利益的冲突，政治信息的隐蔽性就不会改变。

（3）被动性

被动性，是政治信息在传送过程中表现出来的又一个特点。在国际传播中，政治信息的发布者主要是国家政府，但出于种种考虑，政府对信息的发布和传送会比较谨慎。与此同时，处于政府信息圈之外的媒体组织和其他机构，由于缺乏第一手的信息资讯，始终只能处于一种被动等待的状态中。因此，为了更好地赢取政治信息，媒体往往不得不与政府保持一种友好的关系，力图在激烈的信息战中夺得先机，而政府也会利用媒体的这种心理，直接或间接地向媒体施加压力，要求它们在新闻报道方面尽量与政府保持一致。这样一来，与政府合作愉快的媒体就有可能独享第一手资料；反之，那些不听政府号令、坚持自我主张的媒体，则会在信息争夺战中处于劣势。

---

[1] 国家保密局. 中华人民共和国保守国家秘密法 [EB/OL]. 2017−02−09. http://www.gjbmj.gov.cn/n1/2017/0209/c409088−29070103.html.

（二）政治信息传播的手段

1. 宣传

为了更好地传播政治信息，实现自己的政治策略，政府在国际传播中，往往会采用多种手段，来进行或隐或显的信息传播活动。其中，最常见的手段是宣传。

宣传，是指为了实现某种传播目的，采用直接灌输、劝说的方式而进行的说服活动。现代意义上的宣传，可能源于17世纪罗马天主教皇创立的"信仰宣传委员会"，这是一个组织传教士对信徒进行宗教宣传的委员会。此后，在美国独立战争和法国资产阶级大革命期间，宣传一词得到广泛应用，并深入人心。

在两次世界大战期间，各国普遍重视舆论宣传。例如，第二次世界大战时，德国的宣传部部长保罗·戈培尔（Paul Goebbels）大肆利用各种宣传机器，配合德军的进攻，曾经在一段时间内蒙蔽了不少民众乃至政要。针对于此，英美等国也不甘示弱，同样在宣传上加大投入力度，使得双方在烽烟弥漫的战场之外，还进行了一场"没有硝烟的战争"。在这特殊的历史时期，各国对宣传的重视，也使得宣传活动本身引起了学术界的关注。在第一次世界大战后，著名学者哈罗德·拉斯韦尔（Harold Lasswell）就开始研究战争中英、美、德、法等主要交战国的宣传技巧和策略，并在调阅了大量资料的基础上，撰写了《世界大战中的宣传技巧》一书，揭露了战争中充满欺骗的宣传谎言。但同时，拉斯韦尔也认识到，战争中的宣传对于鼓舞士气、凝聚民心，有着不可思议的"魔力"。具体来说，宣传的作用主要体现在激起民众对敌人的痛恨，与同盟国家保持良好关系，动摇敌对国家的斗志，瓦解敌人的士气等。尽管拉斯韦尔也认为宣传的影响力仍然有其局限性，但他高度肯定宣传本身所能取得的优异成果。

又如第二次世界大战时，美国心理学家卡尔·霍夫兰（Carl Hovland）将心理学的理论引入传播研究，探索了说服传播的模式，深入剖析了"一面传播"和"两面传播"的效果。究其大意，对于那些缺乏相关背景知识的受众，在说服的过程中，传播者如果只提供有利于己方的信息，也能收到较好的传播效果；而对于那些具有较高知识素养，对所涉及谈论话题有所了解的受众，传播者如果从利弊两方面提供信息，则更能说服受众。

2. 公关

在两次世界大战之后，伴随着全球经济的飞速发展，多个国家进入现代社会。

在这种社会中，受众可以通过多种方式和渠道获知信息，从而使得带有强硬性质的宣传越来越为受众所排斥、抵触。尤其是政治信息的传播，如果仍然沿袭以往那种宣传方式，估计会很难收到效果。在此背景下，一种新的传播手段应运而生，即公关，也就是用一种软性、隐蔽的方式，委婉地将自己的意图传达给受众。这种传播手段具有很强的亲和力，也更能被受众接受。在国际传播中，通过公关来传播政治信息并取得成功的例子，更是屡见不鲜。例如，中国国务院新闻办公室推出大型国家形象系列宣传片，为了让国际受众更好地了解当代中国，以往宣传片中频频出现的丝绸、武术、书法等都销声匿迹，取而代之的是"50多位中国科技界、体育界、金融界、媒体界、思想界、企业界等领域的名人"，并以一组组的群像的方式出现来诠释中国形象。对此，外媒予以了高度评价，认为随着中国经济的腾飞和综合国力的增强，中国应当加快建设国家软实力，在国际舞台上发挥更大的影响力。可见，在国际传播中，通过公关手段来传递政治信息，能收到良好的效果。

二、国际传播——经济信息的传送

经济信息的传送，也是国际传播内容的重要组成部分。国际传播起源初期，欧洲的两大通讯社——德国的沃尔夫社和英国的路透社，都是以搜集、传递金融和其他经济信息而起家的。目前，在国际传播过程中发挥着重要作用，构建并维护着世界经济秩序和格局的，主要是跨国型的经济组织，其中包括跨国企业。

（一）跨国企业

1. 跨国企业的分类与特点

有学者认为"跨国企业（公司）是一种国际性（全球性）的营利组织，其经营范围和用户市场不局限于一国一地，而是遍布全球"[①]。这些企业，从经营形式来看，可以分为单一经营、多种经营和混合经营；从规模程度上来划分，可以分为大、中、小型企业；从业务性质上来划分，可以分为媒介企业和非媒介企业等。

跨国企业往往在本国设立生产基地，然后将业务链伸展到海外多个国家或地区，进行国际化的生产和销售。一般来说，跨国企业的业务范围往往跨越多国，

---

① 程曼丽. 国际传播学教程 [M]. 北京：北京大学出版社，2006.

它会在某处固定营造本部,并在多处建立子公司,这些子公司都是独立的企业,但彼此之间资源共享、互通有无,而且都要听命于总公司的调遣和安排。这些跨国企业以赚钱、赢利为目的,通过创造税收、安排就业等方式,也能为本国或者他国经济作出一定贡献,但其经济中心多半仍是总部。并且,在这些跨国公司中,中层以上的管理人员一般都是由本国人担任,这决定了跨国公司,无论其业务范围有多广,自身仍然带有一定的地域局限性。

2.跨国企业传送经济信息的渠道

(1)商业广告

为了更好地推销产品,在国际传播过程中,企业往往需要支付费用,通过媒体将信息传递到用户群中。从经济学的视角来看,广告是一种"付费传播",即广告主必须通过经济交易,购买传播媒介的部分使用权(包括节目时段、不同栏目、不同节目等),才能推销其产品。

目前,全球经济日益呈现出一体化趋势,产品的分工制作也表现出精细化、合作化的特点,这也使得同类产品的竞争相当激烈。在这种激烈竞争的环境下,所谓"酒香不怕巷子深"的观念已经过时了,企业尤其是跨国企业,必须懂得运用广告来促销,才能在竞争中立于不败之地。许多跨国企业深谙其中利害,从进入异国市场开始,即着手进行广告设计和投放。例如法国的欧莱雅公司,作为一家资深的化妆品行业公司,自进入中国市场以来,一直努力侧重于产品的本土化,并高价邀请了多位中国女艺人拍摄宣传广告,一句"巴黎欧莱雅,你值得拥有",成功引起了中国受众的注意,为该品牌旗下产品打开中国内地市场立下了功劳。

(2)公共关系

除商业广告以外,跨国企业还会采用公共关系的手段来传送经济信息。公共关系是指企业(以及其他社会组织)利用包括大众传媒在内的各种手段与公众建立良好关系,获得他们的理解、信任与支持,为自己的发展创造有利的外部环境的传播活动或行为。与商业广告相比,营造公共关系的手段显得更为巧妙、委婉,也更容易被受众所接受,如2010年在中国上海举行的世博会中,各大跨国企业纷纷打出"世博牌",通过赞助、参与运营、组织活动等方式进行自我宣传。据调查资料显示,当时的世界建材巨头法国拉法基集团不仅赞助了法国馆的建设材料,同时在世博会一些其他项目中也可以看到它的身影,最终为多个企业联合馆最终总计提供了约数十万的石膏材料。除此之外，还有世界上首屈一指的化工企业——德国巴斯夫公司，它不仅赞助了世博会中德国馆的建设，甚至在自家公司的官方网站还公布了有关世博会的相关网址和链接，这也是在无形中宣传自己产品在世博会中的广泛应用。

（二）国际经济组织

1. 国际经济组织的分类与特点

国际经济组织有多种类型：以经济组织成员的类型来划分，可以分为政府间的经济组织和非政府间的经济组织，前者多由各国政府参与，并在国际政治事务中发挥着重要的影响，如世界贸易组织、国际货币基金组织等；后者的参加者则以个人、社会团体、企业等为主体，政府并不参与其中，如国际会计师联合会、国际清算银行等。

国际经济组织，为全球经济一体化提供了支持，奠定了一定的基础，并在国际传播活动中起着至关重要的作用。在国际传播发展的早期阶段，各国之间因经济往来而引起的纠纷，在很大程度上都是通过国际组织的约定与规范，而得到一定的缓解。例如，电报最初出现在欧洲各国，由于受到各国的管制，传送路线非常繁复杂乱，自1865年国际电报联盟在巴黎成立后，联盟中的成员国就签署了《国际电报公约》，最后制定了统一的行业标准和行业规范，从而使国际传播得以健康发展。又如20世纪90年代，各国围绕通信卫星轨道的分配等问题争论不休。当时，也是国际卫星通信组织通盘统筹规划，并为部分不发达国家留出了一定的轨道，以便其将来发展，使得各国之间尖锐的矛盾冲突得以缓解。

2. 国际经济组织传送信息的渠道

（1）召开国际会议

国际经济组织的一个重要功能，就是分享资源信息、整合行业资源，因此需要经常定期或者不定期地召开相关会议，以构建平台，实现互通有无。这种国际会议往往汇聚了行业精英和业界翘楚，是顶尖的会议，为国际传播搭建了平台。在会议上，各种观点相互交流碰撞，影响深远，会收到良好的传播效果。例如亚太经济合作组织，该组织成立于1989年，现已拥有21个成员。为了促进成员之间的交流，整合亚太地区的经济实体，该组织曾多次召开不同层次的国际会议，主要包括领导人非正式会议、部长级会议、高官会议、委员会和工作组会议等。

这些会议的召开，减少了区域贸易的摩擦，消除了部分地区的投资壁垒，也促进了成员之间的经济互助与交流，并在全球范围内引起广泛关注，收到了很好的传播效果。

（2）制定相关规则

国际经济组织之所以能在世界经济舞台上发挥重要作用，一个很重要的原因是，它能在一定程度上缓解不同成员之间的矛盾冲突，并协调纠纷，维持秩序。之所以能做到这点，是因为国际经济组织往往能通过制定相关的规则来制约各派势力，并尽量公平地分派资源。例如，世界贸易组织就制定了多项规则，来约束各成员，并协调各成员之间的利益冲突。该组织有贸易政策审查制度，目的是促使各成员保证其贸易政策的透明度，帮助其他成员了解被审议成员国家相关制度的合理性和可行性，并以此鼓励所有成员遵守组织规则和条例。

（3）和平解决国际争端

国际经济组织的核心，说到底是在武力解决国际争端之外，提供另一种和平解决争端的方式。现在世界各国的军事发展早已突破了冷兵器时代的规模，一旦引发战争，必将给全球带来不可估量的惨重损失。也正是基于此种考虑，各国都希望能和平解决国际争端，也使得国际经济组织在相关领域具有强大的话语权。例如，世界两大飞机制造商——波音与空客，二者在飞机制造领域一直竞争激烈，却又不得不相互妥协，究其原因，世界贸易组织的协调和沟通工作可谓功不可没。在2004—2010年，美国和欧盟不断向世贸组织提出控诉，指责对方为各自的飞机制造商提供了补贴，而世贸组织也发布多项裁定，在一定程度上缓解了二者之间的矛盾，使得双方在不断竞争的同时，还能时不时地坐下谈判，也让全球飞机制造业依然保持蓬勃向上的发展态势，未因二者之间的纠纷而受到影响。

三、国际传播——文化信息的交流

在纷繁复杂的国际格局中，文化信息交流的意识形态色彩比较隐秘，更容易为各民族国家、企业、机构以及受众个人所接受。因此，随着文化全球化进程的推进，文化信息在国际传播中所占的比重越来越大。国际传播的文化信息通常由三个部分组成，即影像制品、书报杂志和电子出版物。

（一）影像制品

当前，国际传播中的文化交流和文化贸易所占的比重越来越大。随着经济和文化全球化的推进，文化产品的商品化已经成为一种世界现象，像任何一种物质产品一样，电视节目、电影、音乐磁带、唱片和其他大众文化产品都可以在国际市场上出售。

电影和电视剧是国际传播文化流动的主要组成部分。在国际影视剧市场，占据主流地位的是美国、韩国、英国等国家。

1. 国际传播中的电视剧

显然，电视剧生产者的权益安排是电视剧国际竞争力的动力核心，不同的产制模式形成不同的动力结构，并决定了电视剧国际竞争力的大小。目前，国际电视剧的产制模式可以分为美国模式、英国模式和韩国模式。

从现状来看，全球范围内的电视剧产制集中在北美、欧洲以及亚洲，分别以美国、英国和韩国为代表，其产品分别代表了不同的产制模式、价值观念和文化传统，还占据了国际电视剧市场的大部分份额。

美国电视剧节目在国际市场中的地位非其他国家可比。虽然从美国电视剧所占有的观众比重来看仅仅只有5%，但其最终支出的资金却达到了全球电视节目的约1/3[①]。在欧洲，尽管英、法以及其他国家几乎都拥有比美国更深厚的民族文化传统，媒介产业实力也非常强大，并且还实行了民族文化保护战略，试图以配额形式构筑"欧洲堡垒"，却依旧抵挡不住美国影视产品的冲击。在欧洲市场，美国内容供应商仍然占据主导地位。也正是因为这样，美国的电视剧生产商总是认为他们是在为世界生产电视剧。从2003年公布的相关调查数据中，我们就可以看到，美国在一年中所成交的相关广播电视剧和电影等产品的总成交额就有大致30亿美元，而刨除美国外的市场份额仅有20亿美元左右[②]。

在亚洲，韩国是电视剧生产大国。事实上，从文化历史背景和经济实力方面来看，韩国的影视剧制作并不占优势，其影响也一度落后于我国的香港和台湾地区。自1997年金融危机之后，韩国就将文化产业作为新的经济增长点，并在政策和资金上给予大力扶持，并最终于1998年提出了相关的"文化立国"方针，

---

① [英] 考林·霍斯金斯，斯图亚特·迈克法蒂耶，亚当·费恩. 全球电视和电影：产业经济学导论 [M]. 刘丰海，张慧宇，译. 北京：新华出版社，2004：54.
② [英] 吉莉安·道尔. 理解传媒经济学 [M]. 李颖，译. 北京：清华大学出版社，2004：66.

有了国家政策的支持，韩国的电视剧产业也飞速发展起来，不仅电影产品逐渐拥有世界性影响，电视剧更是在亚洲一枝独秀。韩国影视剧的发展不仅给予了该国经济回报，并且在亚洲甚至全球引发了"韩流"，在日常消费方式、时尚文化当中均有明显体现。目前，韩国电视剧在国际上拥有巨大的市场份额，不仅出口到中国、日本、东南亚等国家，甚至远销俄罗斯、埃及和阿拉伯半岛。

"文化立国"的策略在韩国得到了极大的推进。在影视剧产品拥有了一定世界性影响之后，韩国就借势推广包括电子产品在内的其他产品，并在全球各地进行大力宣传和公关营销，如今"LG""三星""现代"等已经是全球最有价值的品牌成员。由此可见，影视剧等文化产品的效应绝不仅仅止于带动文化产业的发展，而是会引发连锁效应，提升整个国家的经济实力和国际影响力。

日本和中国的电视剧生产规模也很大，从数量上看，中国电视剧的年产量甚至是世界首位，但在国际市场上的影响均不敌韩国。

在日本的电视节目中，电视剧占有极其重要的地位。日本的电视剧制作始于20世纪40年代，其影响范围主要是在亚洲。在电视剧制作播出方面，日本最突出的特征在于品牌营销，发挥优秀电视剧的品牌效应，进行多种资源的整合和长期开发，有时候这种长期的生产过程甚至延续十几年。例如，于1997年在日本富士电视台播出的电视剧《跳跃大搜查线》就在当时取得了非常耀眼的成绩，在最后一集播出时甚至达到了平均18.2%的收视率。有了这部电视剧做先锋，富士电视台又乘胜追击推出了4部特别篇，也都取得了超过20%收视率的好成绩。这部电视剧在当时的日本引起了相当大的反响，在2001年重播时收视率也达到了21.3%。到了2003年，富士电视台又推出了相关的电影《跳跃大搜查线 THE MOVIE 2：封锁彩虹桥》，最终总计票房达到了数百亿日元，后来又以其中的配角为主角创作了一系列影视产品，最终也取得了斐然的成绩。到了2008年，富士电视台又宣布开始创作相关系列的第三部电影，而有关"大搜查线"的系列产品总计开发了近十年，由此我们就可以看出电视剧的商品化价值所在[1]。在国内获得成功之后，这些电视剧就会面向国外开展营销，在中国的台湾、香港和内陆，日本的电视剧都产生了较大影响。而以电视剧为母本的衍生产品则会扩展到食品生产、观光旅游、日常用品等其他行业。

---

[1] 李菁菁. 日本电视剧制播制度分析 [J]. 青年记者，2009 (35)：55-56.

2. 国际传播中的电影

在电影方面，占据国际市场优势地位的是法国和美国等欧美国家。在电影诞生初期，欧美国家的产品就流向世界各地，而亚洲、非洲等地的电影产业极不发达。在第二次世界大战时期，日本电影被输入中国内陆与台湾地区以及韩国等，不过其影响也仅限于亚洲。20世纪50年代以后，日本和印度电影开始进入国际影坛。

不过，就现状而言，在国际市场以及国际影视文化体系中，占据主导地位的仍旧是欧美作品，亚洲及其他国家和地区的影响都很小。

在国际市场中，以美国作品的影响最大。在美国，电影业是增长率保持在5%左右的少数几个行业之一。好莱坞产品在全球电影市场占有较大的份额，美国是电影超级大国，在全球走红的商业大片一直拥有巨额收益，譬如《阿凡达》在印度上映的第一周票房就达到4亿卢比，截至2010年3月29日，在中国的票房超过13亿元人民币[①]。在美国政府的有力推动下，好莱坞不断侵蚀其他民族国家的电影市场。譬如，韩国电影在世界文化市场尤其是亚洲市场影响较大，但仍然不敌好莱坞的强大攻势。

电影制作影响比较大的国家应属韩国和印度。自20世纪90年代末开始，韩国电影开始迅猛发展。韩国人电影消费习惯的培养是由政府直接确定的。韩国的文化产业政策培养了一定数量、一定规模的电影群体，促进了韩国电影产业的发展。如今，韩国电影在本土的市场占有率已达到50%以上。随着"文化立国"政策的推进，韩国影片的票房在国外的影响也逐渐增加，《共同警备区》《生死谍变》《我的野蛮女友》等影片在国外市场取得了巨大成功。到2001年，韩国是国际上唯一一个本国电影胜过好莱坞的国家。

亚洲另一个电影产业比较发达的国家是印度。印度拥有庞大的电影业，孟买的电影基地"宝莱坞"是世界上最大的电影生产基地之一，拥有数十亿观众。现在，宝莱坞电影在巴基斯坦、尼泊尔等南亚国家拥有4 000多万名固定观众，市场非常稳固。其影响范围达到整个印度次大陆、中东以及非洲和东南亚，并通过南亚的移民输出传播到全世界。

---

① 网易. 我们比12年前更需要一部《阿凡达》[EB/OL]. （2022-11-25）[2022-11-27]. https://3g.163.com/dy/article/HN14HRVN0519D3BI.html.

在电影产量上，中国也是电影生产大国。自加入WTO（世界贸易组织）后，中国电影从制片到发行、放映等营销观念和模式都发生了很大变化，这些措施给国内市场带来了很大活力。不过，中国电影的总体影响仍旧不容乐观，尽管一些演员和导演在国际上的影响力不断增加，也制作出了一些优秀的影片，但票房收入与影片数量显然不成正比。即使在国内，国产影片的影响也不敌国外影片。

欧洲电影一直试图与美国电影进行较量，但一直处于好莱坞的重压之下。2009年，美国出品了《冰川时代3》《2012》和《阿凡达》等商业大片，继续带给欧洲电影市场极大的冲击。

在影片的制作和作品风格上，各国拥有不同的特征。美国典型的好莱坞电影采用大投资、大场面、大明星、高产出的"三大一高"战略；韩国电影注重突出本土文化特征，借重于此，韩国电影拥有了不同于西方商业电影的文化风格和竞争力；宝莱坞的电影业则以音乐片为主，几乎所有影片都有歌舞场面，在情节上比较模式化、通俗化，符合大众口味。

现在，很多国家开始联合制作电影作品，一方面融入了本土文化特色，另一方面借助文化全球化的资本、信息以及创作人员的国际流通和共享，拓展了国际文化市场空间。一些跨国制作的影片，如《卧虎藏龙》《断背山》等都有良好的市场反应。

（二）书报杂志

目前国际上的书报杂志出版主要包括大众出版、专业出版、学术出版和杂志出版等类型。

1. 大众出版

大众出版包括小说与非小说类、儿童读物等作品，其中又以畅销书为主体。可以说，畅销书是国际社会文化商品最主要的流通形式之一。

畅销书一词起源于美国。从内容上看，畅销书主要包括健康类、励志类、科普类等。拥有国际影响的畅销书出版机构分布在欧洲和北美，以英国、法国、德国、美国为主要代表。其主要的出版机构包括西蒙与舒斯特出版公司、时代华纳出版集团、哈珀·柯林斯出版集团、贝塔斯曼集团等。

西蒙与舒斯特出版公司：西蒙与舒斯特公司隶属维亚康姆集团，在畅销书市场，它的影响力几乎无可匹敌。从经营模式上来看，西蒙与舒斯特出版总公司将畅销书的产品系列开发进行共享，同时这些机构都是在该公司旗下的，像是一些十分著名的电影，如《阿甘正传》和《第一夫人俱乐部》都是由派拉蒙电影公司负责拍摄和制作的，而相关图书则是由母公司负责进行出版。

时代华纳出版集团：时代华纳于 1898 年创办《时代》周刊，并以此为成长、扩张的基础。自 2000 年后，时代华纳公司与美国在线完成并购任务后，就成为当时世界上最大的网络传媒和娱乐传播公司，但是随之六年后该公司又被法国的拉加德尔集团再次并购。时代华纳出版集团旗下总共有三家主要的出版社，分别为小布朗出版社、时代华纳（英国）图书出版公司和华纳图书出版社。当时极具世界影响力的图书《富爸爸穷爸爸》就是由该公司进行出版的。与此同时，时代华纳出版集团不仅是图书，在杂志发行上也十分具有影响力，如《财富》《生活》和《时代》周刊等在世界上的众多国家中都有它们的读者存在。

哈珀·柯林斯出版集团：哈珀出版社最初由詹姆斯·哈珀（James Harper）和约翰·哈珀（John Harper）兄弟二人于 1817 年创立。到了 1990 年，最终被鲁伯特·默多克（Rupert Murdoch）的新闻集团所并购，并随后与威廉·柯林斯出版社合并，最终成为世界范围内的出版巨头。哈珀出版社所拥有的作者资源是十分丰富的，同时也是十分优质的，如马克·吐温、勃朗特姐妹和狄更斯等著名作家一直与其保持着深度合作，在与柯林斯出版社合并后又扩大了自己的商业版图至加拿大和澳大利亚等国。

贝塔斯曼集团：贝塔斯曼起源于一个小作坊式的图书印刷公司，由德国印刷商卡尔·贝塔斯曼（Carl Bertelsmann）创办于 1835 年。第二次世界大战期间，贝塔斯曼曾经为德国印制宣传品，并因此被英军轰炸机摧毁。1950 年，书友会俱乐部成立，首先提出了"把图书送到读者手中"的营销理念。而这个书友会的成立也为贝塔斯曼的复兴奠定了基础，在这之后，其始终将出版作为核心业务，同时还进行了相关产业的拓展和收购业务，最终形成多个专业的出版机构，如兰登书屋负责一般图书的出版，施普林格负责 STM 专业图书的出版，古纳亚尔负责的则是杂志相关的出版工作。除此之外，还有卢森堡广播电视公司和贝塔斯曼音乐娱乐集团，它们负责的就是相关音乐产业和影视产业衍生产品的开发、制作和宣传等工作。不仅如此，还有包括贝塔斯曼图书俱乐部在内的等众多出版公司共同构成了庞大的出版帝国，其产品和服务种类包括图书、报刊，并提供娱乐、网络零售、信息技术等服务。

畅销书的产量非常大，并且在运营方面已经完全实现了商业化。不过，能够带来良好市场收益的作品却非常有限。

从国际书刊的成功经验来看，实现"畅销"的条件主要包括内容的选择和营销策划两个方面。出版社通常会邀请知名度较高的作者进行创作，而作者则会选择自己擅长的内容，不过，最重要的应属营销策划环节。此外，书评的写作和刊发是必不可少的。书评通常也会来自多个知名人士，因此这些评论在肯定书籍价值的同时也发挥着名人效应，引导消费者购买。

为了实现资源的充分利用和整合，出版社也会选择其他较为成功的媒介产品进行再次挖掘和策划。譬如，美国的出版社就经常从电视脱口秀节目中筛选有影响的主持人和节目进行加工，产品基本上都会获得良好的市场反应，如美国上过脱口秀节目的图书基本都能畅销。

2. 专业出版

专业出版通常为专业领域内的读者提供专业内容的出版物。专业出版的主要特点是出版内容专业化、市场细分化。比如，医学类书籍的出版会进行非常细致的划分，依照医学专业分成放射医学、肝脏、肺等专业类别。这些出版社的目标消费者非常集中，读者忠诚度也很高。一般来说，专业出版社都能获得良好的市场收益。不过，也有一些机构的盈利模式比较特殊，如大英博物馆出版社就是靠个别赢利的图书支撑其他种类的书刊。

这一领域比较有影响的国际化出版集团包括法国的拉加德尔集团，英国的培生集团、布莱克威尔出版社、牛津大学出版社、大英博物馆出版社、剑桥大学出版社等。

拉加德尔集团是法国著名的高科技和传媒领域的财团，其特色在于教育类和工具类图书的出版。事实上，拉加德尔一向以机械制造、航空航天等军工产品闻名。自20世纪80年代之后，这个庞大的工业集团开始转向出版业，获得了法国有近150年历史的出版商阿歇特41%的股权，不仅在2004年购入了维旺迪环球出版集团，又随后以5.375亿美元的价格收购了时代华纳出版集团[①]。这些扩充使其业务范围涵盖了法语、英语、西班牙语三种语言，并使得这个颇有影响的

---

① 李红强. 国际出版集团的战略角色研究 [J]. 中国出版，2010 (15)：26-30.

军工集团演变成军工—传媒集团。不过，拉加德尔是一个庞大的出版企业，除了专业书籍出版之外，在全世界范围内还拥有259家杂志，而著名的法国时尚杂志《ELLE》《她》和时政类新闻周刊《巴黎竞赛画报》就是其旗下的产品。

培生集团被称为全球最大的教育出版集团，其业务集中于三大领域，即教育出版与培训、企鹅出版集团的英语大众图书出版和金融时报集团的财经杂志及信息服务，显然这三者的侧重点有所不同，分别为教育、大众图书出版和财经。但是，从专业角度来说，最具有专业性的还是教育出版。培生集团始终将"终身教育"作为自己的产品开发思路，始终以"帮助所有人发挥其最好的潜质"为工作宗旨，旨在为各个年龄阶段的读者提供服务。培生集团的特色在于专业化细分，其中，金融时报集团就旨在为商业人士提供全面的商业信息和服务。

企鹅出版集团主要负责的就是大众类图书的出版工作，其中包括小说、获奖的文学作品和儿童图书等众多品类。而其在教育行业中也十分受行业工作者、学生和家长的支持，它所出版的相关读物在中小学教育、高等教育、流行读物等方面都占据着主导地位。除此之外，培生集团还将自己的工作领域拓展到了教育行业，像是考试测评、网络服务、电子图书、软件生产等都有所涉猎。

3. 学术出版

学术出版中以大学出版社为主体，如英国的剑桥大学出版社、美国的普林斯顿大学出版社和耶鲁大学出版社等。其中，牛津大学出版社的业务网络遍布世界，因而声称是世界上最大的大学出版社。大学出版社最注重学术出版，而很少出版教材。这些出版社将自己定位为学术出版机构，有些也出版少量的教材，不过这样的教材也主要是针对高学历水平的教育，如研究生教育进行的。为了保障作品的学术含量，大学出版社通常采用同行评议制度，评议委员都是来自不同学科的高级学者，想要出版的作品都必须经过评议委员会通过。

其余的学术专业出版机构也有私营的。布莱克威尔是世界第三大学术专业出版社，出版各种专业手册，其特色在于极其细致的专业划分。公司以"一定要做最好的，做不到就是失败"为宗旨，其产品具有很高的权威性。

4. 杂志出版

在杂志出版和发行方面，欧美跨国杂志的扩展速度和规模始终占据榜首。杂志的跨国发展基本上基于版权合作。譬如，世界名刊《时尚先生》《大都会》《好管家》在世界各地均有版权合作。在中国，这些杂志分别与《时尚》合作，形成中国的《时尚》杂志系列。

此外，在不同国家都有影响力的、以知识趣味性为宗旨的"自然人文地理"类杂志也是具有国际影响力的。以美国的《国家地理》为例，其传媒产品已经形成独特的风格和运营模式，在美国创办《国家地理》杂志之后，很多国家都创办了自己的"国家地理"杂志，如德国的《地理》、英国的《新科学家》、法国的《科学与生活》、日本的《牛顿》等。这类杂志以自然人文地理为主题，强调某地区独有的自然和人文现象，并对科学发现和探索中的热点、难点问题进行深入报道和分析，配发了许多精美图片，具有很高的艺术性、知识性和趣味性。

（三）电子出版物

国际传播中的数据信息涉及商务贸易信息、企业资讯、电子书、互联网提供的影视信息等。就国际传播市场中数字产品的结构看，目前影响最大、覆盖范围最广的是数字出版行业，主要提供电子书籍和期刊等数字产品。数字终端技术的不断成熟、屏幕阅读的舒适性和便利性的提升，也使得数字出版读物的生产成本在不断降低，其所占据的市场份额自然也在不断扩大。

数字出版产业集群是具有极强的开放性的，并且动态重组快，目前主要涉及电子、音像、互联网、移动终端、流媒体以及多媒体等非纸媒的数字化内容的生产与出版以及数字化技术的应用。其附加价值一方面表现为对不同形式产品功能的整合，另一方面表现为产业链的横向扩张能够带来巨大的经济效益。相对于传统纸媒而言，数字出版固定成本更高而边际成本更低，其复制、检索、传输以及散发的成本极低，更依赖销售的规模，因此共享规模成为盈利的关键。此外，也需要相关技术和相关法律的支持，以保护数字出版物的版权。有些国家已经开发出能够精确统计电子书下载销售数量的软件，从某种程度上保护作者以及出版社、网上书店等的共同利益。

数字出版巨头的核心竞争力来自有效的商业模式与核心技术。目前，国际上影响比较大的亚马逊的 Kindle 模式、苹果 iPhone 智能手机模式、CNKI 中国知网模式等已经相对成熟。此外，一些商业模式，如教育商业模式也表现出强大的竞争力。美国的培生教育集团收购了一个远程教育的电子大学网站，利用网络评估学习效果，跟踪学习进程。

由于数字出版行业有赖于信息技术的发展，欧美等信息技术发达的国家在国际数字出版行业居于领先地位。目前国际上影响较大的数字出版集团包括汤姆森、约翰·威利、施普林格、里德·爱思维尔（Reed Elsevier）等。其中，美国汤姆森集团是转型最早的专业信息服务集团，德国的施普林格出版社可以达到一年出版700多种学术期刊和5 000多种科技图书。[①] 这些企业在20世纪末就完成了向数字内容服务的转型，形成数字化出版、网络化传播的运营方式。利用技术进行数字化转换和传输能够在更大程度上节省企业的生产成本，也极大地节省了受众的消费成本。全球最大的科技及医学出版商里德·爱思维尔集团拥有全球规模最大的科学文摘数据库Scopus和全文数据库Science Direct，为全球范围内的大学和研究性图书馆提供数字产品；汤姆森法律与法规集团主要提供法律文件和文书、相关案例资料的搜索服务及相关技术支持，帮助其提高对信息的组织和整合效率，数百万用户可以享受到全年、全天候的服务。

从现状来看，具有国际影响的数字出版企业一般都具有良好的资本积累，已经拥有了强大的市场影响力。与此同时，它们还拥有庞大的内容资源，主要包括图书和期刊，这些庞大的企业一般都是二者兼营。有些出版集团充分利用期刊更新周期短、速度快的优点，大量出版数字期刊，与电子书籍共同形成市场驱动。另外，数字信息的流通还拥有与传统信息传播不同的模式，如病毒式营销。亚马逊公司是此种营销方式的代表，它鼓励顾客送给朋友一本书作为礼物，并将公司的宣传资料印在包装上以起到广告营销的作用；另一个比较典型的代表是豆瓣网，受众可以浏览其他读者对图书的评价，并可能受到其影响而购买纸质书，或者向其他读者推荐。总的来看，数字和网络技术是数字出版的基础，内容的积累与整合是数字技术的基础和提高竞争力的首要因素，营销模式的创新是扩大市场的重要手段。利用资源和技术优势提高内容的附加价值，为读者提供全面、个性化的信息与知识服务，这些国际出版巨头在最大限度上实现了资源整合，并形成垄断优势，通过资产重组、并购等方式实现资本整合，基本上瓜分了国际市场。

数字出版行业的崛起给传统媒介带来了巨大冲击。在出版行业发达的欧美国

---

① 王高翔，李江涛，孙陆青，等. 国际出版公司数字化策略及对我国科技期刊的启示[J]. 编辑学报（2009年增刊），2009：22-24.

家,数字出版已经占据了巨大的市场份额,如在汤姆森出版集团、里德·爱思维尔集团、培生教育集团等国际出版集团中,数字出版和网络相关业务在集团总收入中所占的比重不断上升,而传统出版业务则在逐渐萎缩。

第三节 国际传播的战略目标

在当今的全媒体时代环境下,最终的全球信息传播秩序是在国家利益和新闻规律二者不断博弈的情况下产生的。对于西方媒体而言,它们往往更加擅于使用新闻技巧来传达信息,而这种传达方式又大多是不具有客观性的,它们自然是以维护自己国家的利益为第一位的,但这其实从根本上与新闻所追求的公平公正是相背离的。而在遵循基本的新闻准则基础上,最大限度地维护本国的利益,这已经成为世界上媒体的基本生存法则。

国际传播更多是一种国家行为,与国家利益密切相关,必然被置于国家的严格控制之下,呈现趋利避害的"过滤式传播"特点,在国家的非常时期尤其如此。众所周知,一个国家的利益与它在外界所表现出来的形象是密切相关的,这是因为形象是可以在一定程度上反映国家发展的价值标准,而国家利益其实就是国家发展的价值尺度。从新闻传播的角度出发,我们可以认为国家形象就是在不断的新闻流转中给外界呈现出的外在表现,是一个国家在其他国家眼中的"样子"。[①]

一、维护国家的利益

(一)国家利益的定义

众所周知,我们在研究国家关系时,其中有一个十分关键的概念,就是国家利益,而从不同的流派视角出发,所理解的国家利益自然也是有所出入的。一般来说,一个国家在制定对外战略时,都是从国家利益出发的,其中主要包含安全、经济、政治和文化四大利益形式,而这四种利益形式在不同的历史阶段下所表现出来的外在形式也是有所区别的。归根结底,国家利益所反映出来的就是本国国民的利益期望点,是他们希望获得的好处,也是他们的兴趣来源。

---

① 徐小鸽. 国际新闻传播中的国家形象问题 [J]. 新闻与传播研究,1996(2):35-45.

如果按照著名的政治学家汉斯·摩根索（Hans J. Morgenthau）的理论来说的话，我们认为国家利益主要指代的就是领土、国家主权以及文化的完整。但是如果按照政治学家迈克尔·罗斯金（Michael Roskin）的理论来思考的话，一般来说会将国家利益看作是主要和次要利益、特殊和一般利益、暂时和永久利益以及冲突性和互补性利益的集合体。如果按照国家利益内部不同成分的重要性来进行区分，国家利益就可分为主要的和次要的利益形式；而如果按照时效性的不同，那么就会分为暂时的和永久的利益形式；从使用程度的角度来区分的话，就会分为普通的和特殊的利益形式。

清华大学阎学通教授认为，国际政治中的国家利益是一个民族国家的整体利益，不论从物质角度还是精神角度出发都是十分必需的东西，也就是说，国家利益反映在物质层面上就是安全和发展，反映在精神层面上就是国际社会的认可和尊重。[1] 阎学通还指出，国内政治的国家利益和国际政治的国家利益要区分开来。

国家利益涵盖民族利益，同时从其中我们也可以看出一些社会公共利益的影子。显然，一个国家的最高利益说的就是国家利益，这往往也是它开展外交活动的行为准则。在国家利益的维护方面，发展和保持自身强大的实力是基础，但同时也要区分清楚对内和对外两个层次的国家利益，对内的国家利益从国家的政策目标上体现出来，对外的国家利益要符合国际准则和国际道德标准，并被国际社会接受和承认。一个国家制定外交政策的根本原则，看的就是是否能够达到国家利益的最大化，是否能够依靠次要利益来获得长远利益，或者是实质性利益。而归根结底，在实现国家利益的过程中，起到关键性作用的是国家形象。

一般来说，在深入研究和分析一个国家的利益时，我们所关注的就是要集中在一些固定的要素上，指的就是一个国家的幅员、地理位置、资源总量、人口等，这决定了一个国家基本的发展方向和基本外交方略。在经济全球化背景下，21世纪的国家利益界定也产生了一系列的变化：安全利益中的信息、科技、环境安全凸显，政治利益表现为绝对的主权向相对的主权过渡，经济利益在国家利益中的权重上升，文化利益日益受到重视。

---

[1] 阎学通. 什么是国家利益 [M]// 王缉思, 王逸舟. 中国学者看世界：国家利益卷. 北京：新世界出版社，2007：5-8.

（二）国家利益扩展

研究全球化、信息化社会的国家利益，其内涵必定会扩展，而国家利益和全球利益也会结合在一起。由此，虽说国家利益在外在形式上是由国家来决定的，但实际上其内涵早就已经不单单是一个国家可以单方面决定的了，其定义和范围早已超出传统的认知和框架。在全球化时代，国家利益凸显"以人为本"，国家利益和国民利益、国家利益和国际利益紧密相连，文化、环境、人权等因素变得尤为重要，国家利益已经从传统意义过渡到现代意义。在和平发展时代，各国在软实力层面的战略利益凸显。

学术界对市民社会国家利益的研究具有重大意义。在当前的时代背景下，人们在法治观念上已经发展得较为成熟了，国民也开始注重起了自己的个人利益，在开展一系列活动和行为时都是带有法律意识的。在现如今的法律社会中，各个国家机构都是要遵循法律法规的，以此来规范自己在行业中的所作所为，当涉及有关国家利益的重大事件时能够得到及时的约束，以免损害国家利益和破坏国家形象。

学者在研究信息社会时，国家利益和媒体是一个热门话题。一般来说，对于媒体而言，它们最主要的政治功能就是代表国家利益发声，也正是因为这样，国际媒体在传播新闻时所要遵循的首要原则就是尽可能地维护国家利益不受损害，甚至期望在此基础上实现国家利益的最大化。然而，国家形象是达到维护国家利益这一目的的重要手段。陈宪光教授在其《当代国际关系教程》一书中对国家利益的总结很有借鉴意义：①各个国家都有自己的主权，而在维护自己主权基础上所界定的国家利益都是正当的、是合理的；②凡是以维护和增进国家发展主权为基础的国家利益也被认为是合理的；③凡是为发展全人类共同利益和进步利益而努力的国家利益也都是切实合理可行的。

中国作为联合国安理会常任理事国和核大国，自然在处理国际事务时在政治和军事等方面是有一定发言权的。对于中国来说，国家利益的核心就是本国的国家安全和国家主权，而所谓对于国家利益的维护并不单纯是防范来自外界的"入侵"和"干扰"，对内的自我改造和提高也非常重要，而且，随着外部环境的改变要对国家利益进行相应调整。

(三)国际传播力与国家利益实现

对于国家利益的实现问题,传播学者主要研究传播战略,而国际关系学者则注重利用政治和外交战略。谈到国家利益的维护和拓展问题,可以说,民族国家的综合实力是维护国家利益的基础。国家对其国家利益应有精准的定位。民族国家处理国家大事和国际事务时要明确长远利益和短期利益、主要利益和次要利益,并促进多种利益协调发展。另外,不可忽略的是,国家形象是国家利益实现的重要因素。

二、改善国家的形象

(一)国家形象的定义

国家形象问题一直是传播学界、国际关系学界研究的热点,国内外学者对国家形象有诸多丰富的研究。刘继南等人把国家形象的要素总结为政治、经济、军事、外交、文化、自然环境、教育、科技、体育、国民等。[1] 也有学者把国家形象定义为国际舆论和国际民众对一国的物质基础、国家政策、国家行为、民族精神及其成果的总体评价和认定。笔者认为,国家形象可以说是人们对一国硬实力和软实力的认可程度和综合评价,是内容和形式的统一。

(二)国家形象的意义

显然,一个国家的发展水平其实是可以从国家中窥见的,而往往正面、积极的国家形象反过来对国家的发展也是有帮助的。各国的国家形象基本继承了历史文化传统,体现民族精神,又融入现代国家发展的方向、鲜明的特色和一贯印象。例如,英国的"创意英国"、美国的"美国梦"、日本的武士道精神等。

媒体的政治功能之一是为国家利益代言,为国家构建良好的对外国家形象。美国的公共外交部门致力塑造国家形象,从联邦政府到州政府都有专设的公共关系部门,国家形象与国际舆论联系紧密。在一体化进程日益深化的今天,中国所采取的优化国家形象的手段就是"公共外交",这是因为实现中华民族的伟大复兴和实现中国的社会主义现代化建设不仅需要内部的努力,良好的外部舆论环境

---

[1] 刘继南,何辉. 中国形象:中国国家形象的国际传播现状与对策[M]. 北京:中国传媒大学出版社,2006:12.

在国家的发展过程中也十分关键。另外，国家形象战略还能够创造出新的权力。

按照国际关系建构主义的观点，观念决定身份，身份决定利益，利益决定形象。国家利益和国家形象，前者是主旨，后者是表现形式。权力和利益的内涵是由一国制定外交政策时特定的政治传统和文化环境决定的。民族精神和国家主体意识是国家形象塑造的基础部分。

国家形象的"他塑"和"自塑"问题很重要。一国的媒介在塑造自己国家形象的同时，也在塑造其他国家的形象。新媒体时代的国家形象塑造，由于传播的跨境问题，因而要兼顾国内形象和国际形象塑造。

国家形象的塑造要重视主体与客体的不同作用。国家形象塑造的主体是政府和媒体。一直以来，在国家形象塑造的过程中，大众传媒发挥着决定性作用。在新媒体时代，广大国民对国家形象塑造起到极其重要的作用，个人、企业、组织等都参与到了国际传播进程中。国家形象塑造的客体是指国家形象传播的对象。笔者认为，必须搞清国家形象塑造的重点，有针对性地塑造和传播国家形象。所以说，中国公共外交和文化外交要分清主要对象国和重点对象国。

国际传播的渠道、覆盖面和影响力决定了一个国家的形象塑造。一个国家若在国际社会中缺少话语权，其国家形象的塑造可能被其他国家主宰。塑造国家形象的媒体策略，往往根据各国的具体情况和综合实力来确定。美国等西方发达国家占据着全球最大范围的传播资源，拥有传播技术优势。

对于中国来说，根据国家实情进行有效的文本构建对国家形象塑造十分关键。此外，及时、准确地抓住机遇进行中国国家形象的传播非常重要。中国要制定国际传播战略，在遵循新闻传播规律的基础上进行国家形象传播。于2013年召开的党的十八届三中全会上通过了《中共中央关于全面深化改革若干重大问题的决定》，文件指出要重视开展对外文化交流，加强对外话语体系建设，同时在国际信息传播能力方面也要不断创新和提升，从而将我国优秀的传统文化种子播向海外。随后，在2016年2月召开的党的新闻舆论工作座谈会上，习近平指出，要增强我国在国际上的话语权，就要加强自身的国际传播能力建设，从而可以让中国故事在海外遨游，与此同时还要优化战略布局形式，期望打造成为具有较强国际影响力的外宣旗舰媒体。[①]为了在全媒体时代下进一步完善和优化我国的国家

---

① 新华社. 习近平：坚持正确方向创新方法手段 提高新闻舆论传播力引导力[EB/OL].（2016-02-19）[2022-11-09]. https://www.gov.cn/xinwen/2016-02/19/content_5043970.htm.

形象，加强我国在世界范围内的影响力，上海合作组织峰会的举办和"一带一路"倡议的提出就很好地为此提供了良好的发展契机。

三、增强国家软实力

（一）软实力的定义和研究状况

软实力是相对于硬实力而言的，最早由哈佛大学教授小约瑟夫·奈（Joseph S. Nye）提出。国家的综合国力包括硬实力和软实力。硬实力是基本资源、经济力量、科技力量、军事力量等，软实力则是文化和意识形态吸引力。国际政治学家小约瑟夫·奈所提出的软实力理论，就在国际关系领域发挥了十分重大的作用，由此看来，在国际竞争中软实力是值得关注和深入研究的一个点。

中国对软实力的研究，开始于复旦大学王沪宁教授1993年的研究，他认为政治体系、民族士气、经济体制、科学技术、意识形态等的发散性力量表现为一种软实力。[1] 对于一个国家的软实力，阎学通认为是一个国家对物质资源的使用能力，是国家对内部和外部的政治动员能力。[2] 苏长和教授认为，国家软实力是一种状态，在一个国家与其他国家进行交往的过程中，因为信息和知识等存在差异因而互相影响，这种影响总是有一方处于主动，也总有一方处于被动，这就是一个国家软实力水平的体现。[3] 也可以说，软实力是一国在文化力、制度力基础之上对国内和国外的感召力、吸引力、协同力和整合力。

（二）软实力的基本要素

1. 文化是软实力的重要因素

硬实力容易理解，而软实力内涵则十分丰富，是一个国家民族文化的一部分。在当今世界，国与国之间的竞争不可忽视政治制度、文化实力在内的软实力比拼，而这种实力的提升不是依靠战争和掠夺得来的，中国要想实现崛起需要的不仅是硬实力，软实力也同样应该得到重视。

众所周知，一个国家的软实力水平和国家的民族文化是有很大关系的，是相

---

[1] 王沪宁. 作为国家实力的文化：软权力 [J]. 复旦学报（社会科学版），1993（3）：75；91-96.
[2] 阎学通. 中国软实力有待提高 [J]. 中国与世界观察（2006年第1期总第2期），2006：14-18；210-216.
[3] 苏长和. 中国的软权力——以国际制度与中国的关系为例 [J]. 国际观察，2007（2）：27-35.

当大一部分的力量来源。例如，一个国家的价值观念和理念等要想获得国际上其他国家的认可和尊重，可以采取如文化生产、教育和交流等手段来进行，以此赢得国际声誉和产生影响力。中华文明的影响力是我国的重要优势，中国的软实力必须在国内和国外都实现其价值。

2. 国家形象是软实力的主要内容和载体

归根结底，一个国家的软实力其实就是本国文化、发展模式和价值理念等在国际上的一种体现，最终所呈现出来的就是它的影响力。而提升国家软实力的最终目的就是要将本国的价值、文化、经济观念和发展模式等在世界范围内都呈现出主体化状态，以此将国家的影响力发挥到最大。显而易见，可以成为国家软实力基础的就是国家的意识和文化形态，这在一定程度上对于国家对外战略的制定也同样起着举足轻重的作用。软实力的提升可以减少国家在崛起过程中和其他国家的矛盾，营造一个长期和平的国际环境。

软实力来源于国家的文化、价值观念、政治制度和外交政策等多方面，其存在的前提是国家倡导的价值观念符合人类社会发展的内在要求和潮流。美国的国家软实力构成要素范围很广，国际贸易、海外投资、发展援助、外交倡议、文化影响力、人道主义援助和灾难救济、教育、旅游等都包括在内。软实力也是实现国家战略目标和国际利益最大化的重要工具。

在新媒体时代，全球媒体主导着国际舆论走向，国际传播是"软实力"发挥作用的主要载体。媒体的传播能力是衡量国家软实力的一个重要方面，传媒业情况也成为评估国家综合实力的重要指标。文化和信息传播是软实力的内涵的重要组成部分，可以总结说，软实力的内功是国家的文化、发展模式，软实力的外功则是国家形象。

由此可见，国家形象战略能够创造出新的权力，软实力也能够促进国家硬实力的提升。

3. 外交政策建构软实力

在信息时代，当主流思想更接近国际理念时，可以尽最大可能运用软实力。在我国，"发展中国家""社会主义初级阶段"这两个标签决定着新闻报道的走向。我国发展文化的软实力战略，应该分为对内和对外两个方面。从软实力构建的对外方面来看，其主要目的是让世界人民了解中国文化，扩大中国文化的国际影响力。

(三)国际传播力与软实力实现

中国构建软实力,更多的是为创建良好的国际发展环境和国际舆论环境,赢得国际社会的认同和尊重。互联网时代的外交环境、国家形象塑造可以体现出一国公共外交的成绩和效果。中国要想提升软实力,必须完善外交战略,塑造良好的国家形象,还要大力开发文化资源。

中国自改革开放以来,提出的三大普世意义的价值是发展、稳定与和谐,这也是中国实现软实力的优势。中国经济持续增长带来的"中国模式"在国际社会影响力巨大,这对一些国家,尤其是其他发展中国家很有吸引力。

第二章 新媒体时代的传播研究

本章为新媒体时代的传播研究，主要从四个方面入手，分别是新媒体的概念与特点、新媒体时代国家的国际传播力、传统媒体时代的中国国际传播力研究、融媒体语境下的中国国际传播力探究。

第一节 新媒体的概念与特点

一、新媒体的概念

（一）新媒体是相对的概念

我们所说的"新媒体"并不是一个全新的概念，只是相对"旧"而言的，仅仅是在不同的历史阶段所呈现出的不同状态。

从历史层面来看，只要是在某一阶段新出现的媒体形式，我们都可以将其称之为"新媒体"。举例来说，在20世纪20年代电台是新媒体，而到了40年代，电视就成为新媒体，发展到了今天，自然数字广播、微博、微信等就成为新媒体。由此看来，新媒体这一概念是具有相对性的。虽说如此，我们现在认为的新媒体形式——以手机为代表的移动媒体，与以往的那些"新媒体"从本质上来看是完全不同的，它不仅是在外在形象上发生了改变，在媒体边界和内容等方面所发生的改变也是巨大的。由此看来，现在的新媒体所指代的不再是单一的一种媒体形式，而是变得多媒体化了。例如，以往传统的报业因为互联网技术的出现，以"电子报"的全新形式出现在了人们的面前，人们在手机上就可以随时随地进行阅读，不用再考虑携带的问题，这也是一种"新媒体"。总而言之，我们很难说现在的新媒体是以一种固定的形式存在，而数字化和移动化则被看作是新媒体的鲜明特征。

至此，新媒体在媒体行业中逐渐站稳脚跟，在民众中的媒体使用率中也夺得了榜首。从2016年发布的《2016—2020年中国新媒体产业投资分析及前景预测报告》中我们就可以发现，新媒体开始逐渐成为社会公众的宠儿，使用率仍在大幅度攀升，各个行业和领域也在不断适应和融入新媒体技术。举例来说，在使用视频网站或是客户端的用户从几年前的24.7%已经攀升到了64.9%；而使用新闻客户端的用户从15.1%提升到了58.6%。这种发展趋势在移动电台应用和音频类网站中也是同样适用的，与此相对应的是，纸质的报纸、图书、杂志等传统媒体的销量则在逐渐下滑。在新媒体用户中，有60.8%的人将微博、微信等实时互动平台作为自己获取信息和资讯的主要渠道，由此看来，人们已经逐渐习惯在社交媒体上发表自己的言论和看法了，还有58.9%的人选择将手机新闻客户端作为自己获取新闻资讯的主要平台。①

随着全球化程度的不断加深，数字化技术也随之发展起来，从而带给新媒体的就是巨大的推动力。现如今，科学技术的迅猛发展使得新媒体也有了发展良机，它将数字化技术作为其革新和发展的一大工具，借用互联网载体不断拓宽自己的边界范围，而手机也不再是小小的一个通信工具，转而承载的是数以万计的信息和媒体形式，"新媒体"家族由此形成。其中，"新媒体"始终将互联网技术作为自己的"座上宾"，借其发展起来的手机杂志、微博、博客、数字电视和虚拟社区等都在复杂的"人类社会"中找到了适合自己的"生存位置"。

（二）新媒体是技术性的概念

国外的研究者往往把新媒体和信息与传播技术结合在一起。新媒体的产生依托于电子计算机的发展和通信技术的发展。1946年，世界上第一台计算机在美国被发明出来。直到40年后，电子计算机才从军工转向商用和民用，迎来高速发展期。20世纪六七十年代，卫星通信和光纤通信技术的发展日新月异，1965年，第一颗国际通信卫星成功发射；1977年，世界上第一条光纤通信系统投入运行。

从技术上审视新媒体，数字化技术、网络技术、信息传输技术，这三种技术相互交叉、相互融合，形成新媒体发展的三条路径：其一，基于传统和新广播电视网络、卫星直播网络的新媒体形态，如数字广播、卫星广播和数字电视等；其

---

① 中投顾问产业与政策研究中心. 2016—2020年中国新媒体产业投资分析及前景预测报告[EB/OL].（2016-05-17）[2022-11-05]. https://www.docin.com/p-1582310212.html.

二，基于互联网和第三代移动通信技术的新媒体形态，包括网络音频与视频广播、移动电视、手机电视等；其三，传统的广播电视网络与第三代移动通信技术结合形成的网络互动电视等形态。世界上各项新传播技术的发展和运用，都是以数字化为基础，具有辐射性强、渗透性广的特点。

自 2019 年后，在第五代移动通信技术（5G）、国家政策以及市场等多方影响下，新媒体发展显示出了新的特点和趋势，而 5G 本身的商业化也对新媒体行业的发展造成了一定的影响。在 2020 年发布的《政府工作报告》中就提到了要加强基础设施建设，将新一代的信息网络发展起来，为 5G 发展提供空间。同时，2020 年 6 月召开的中央全面深化改革委员会第十四次会议上，同样强调了要进一步加强信息网络建设，推进制造业和信息技术产业的发展，以增强国家的数字化和智能化水平，其中 5G 技术就是信息技术发展成果的杰出代表，它对新媒体领域发展的影响是十分深刻的，同时也达到了助力产业转型的目的和效果。

（三）新媒体的不同领域阐释

科技领域、艺术领域和传媒领域的学者，都从他们各自不同的角度出发对新媒体进行了解读。除了公认的因新信息传播技术产生的新媒体外，本书把传统媒体的新技术和传统媒体的新渠道都归类为新媒体。新媒体是信息传播技术的产物，新媒体时代可以说是信息传播技术时代。

新媒体本身所具备的即时性、普遍性和互动性在一定程度上将信息传播速度大幅提升起来，信息的内容也逐渐变得多元化起来，从而激起了受众的兴趣，使民众的参与度提升了，自然主权就被分散到了个人和群体手中，而不是掌握在绝对的少数人手中。直至 2008 年北京奥运会期间，手机和互联网甚至已经打败了传统媒体，第一次作为独立转播机构被纳入转播体系。在新媒体发展的刺激下，传播媒体意识到了革新的重要性，因而它们在购买电视转播权的同时，也一同购入了网络转播权。

二、新媒体的特点

（一）新媒体技术的特点

1. 交互性

显而易见，新媒体所具有的鲜明特征就是交互性，换句话说，就是沟通双方的信息是可以实现交换的，双方都能够看到彼此的信息。以往在传统的信息传播过程中都是单向传播的，也就是说，传播者与受众之间是没有建立直接联系的，对于受众而言只能单纯地接受对方传递来的消息，是不能进行反复交流的。而新媒体则与之恰恰相反，知识发现者的身份得到了转变，他们同时也是信息的传播者和应用者，承担起了传播知识的重任，我们在知识的传播过程中是可以看到"反馈"的存在的。原本单箭头的信息传递变成了双箭头，信息接收者不再只具有单一的角色身份，同时为信息的传播提供了平台，其本身的交互性特征也增强了双方之间的交流和联系。

2. 虚拟性

除了交互性之外，新媒体还有一个十分关键的特点就是虚拟性，虚拟人类、社区和商品都是在当下的环境下应运而生的产物。其中，将数字化技术融合得较为成熟的网络虚拟社区，在我国普及性比较高的就是天涯社区和强国论坛等。这些虚拟社区和论坛的出现使原本的社会关系产生了微妙的变化，在同一社区或论坛中的人们往往都是基于相同或相似的目的聚集在一起，在虚拟平台中得以为共同的目标而努力。到了现在，在全新的时代和技术环境下，虚拟社区也发展得更为成熟，人与人之间的交流方式发生了改变，人们不需要见面就可以传播信息和传递知识，而数字化技术在其中发挥了相当重要的作用。

3. 融合性

通过研究发现，新媒体不仅是媒介融合进程中一个强有力的工具，同时也是具备强大实力的践行者。一般来说，所谓的媒介融合，指的就是多种（两种及以上）媒介形式在多维度和领域之下所进行的融合过程。在通常情况下，我们将新媒体看作是融合媒体的一种形式，这是因为其本身就是集影像、文字和声音等于一体的一种媒介形式，这就是跨域传播，或者说是跨界融合的一种表现。从传播内容的角度来看，新媒体与传统媒体二者实现了跨界融合，新媒体所发布的那些极具权威性的信息和新闻往往都是得益于传统媒体（纸质媒体、广播电视媒体等）的存在，而同时又因为新媒体所具有的交互和虚拟特性，传统媒体的时效性得到了保障。从传播形式的方向来看，两种媒体形式的融合是传媒行业革新的一大进步和优异发展成果。举例来说，手机和网络的结合就衍生出了手机电视，手机和杂志的结合就衍生出了手机杂志，这就是媒体融合的一大创新成果。由此，我们要清晰地认识到，最先出现的媒体形式不一定是最好的，反而在媒体的不断融合过程中，它们的内涵得到了丰富，内容边界得到了扩充，这也在一定程度上促进了科学技术的进步与发展。

（二）新媒体传播的特点

1. 新媒体传播——数字化

一般来说，我们都将数字化视作新媒体的最显著特征。众所周知，媒体的发展在很大程度上都是依赖于科学技术的发展，而数字技术最初诞生于20世纪40年代，众多媒体也抓紧机会进行了一次重大的技术变革，也正是因为这样，数字技术成为新媒体发展的动力基础。

数字化作为新媒体的一个重要特征，其在信息传输途径和接收终端的变化上得到了充分体现。从媒体的表达形式上来看，数字技术的产生与发展使得媒体原本的固定表现模式被打破，信息的表现形式呈现出了多样化的特征。在原本的传统媒体形式中，信息都是以较为单一的方式呈现出来的，如广播利用声音传播信息、电视利用影像传播信息等，而新媒体则是集合了多种媒体表现形式，不仅是文字、声音和影像等，甚至还具备了构建虚拟环境的技术条件和空间。在字节化的生存方式帮助下，媒体传播的内容得以在各个平台上出现，不论是何种形式，文字、图像还是声音，都是可以进行字节转化的，因而在报纸上播放视频这一设想也并不是不可能实现的。

2. 新媒体传播——交互性

我们一般在阐述新媒体的传播方式时，可以将其简化为个人对个人、多人对个人和个人对多人三种形式。所谓的异步传播，指的就是信息的接收者在网络虚拟空间内通过一定方式或手段找寻所需要的信息或资源，如网页的浏览和查看、远程通信等都是如此。以此类推，所谓多人对多人的异步传播就像是贴吧、论坛等形式，而个人对个人的异步传播就像是电子邮件等形式。除此之外，当然也存在同步传播，如微信、QQ等在线通信软件就可以实现个人对个人或多人的同步传播。除了个人对个人的异步传播形式外，其他的几种信息传递方式用户都是承担着多种角色和责任的。由此可知，可以凸显出新媒体传播方式变化的不一定是个人，在大众身上我们也可以更容易发现这种特性，也就是原先单一的信息受众转而成为信息的发布者和传播者。

在新媒体领域，我们其实已经不再会提到"信息受众"这个词了，或者说已经不存在这个概念了，这就为在传统媒体形式中无法表达自己情感的那部分人提供了空间和机会。在新媒体形式中，任何人都具有决定接收信息时间或是内容的权力，同时这一决定是可以随时变化的，并不受任何约束，人们可以随时将自己的所思、所想、所见发布在虚拟网络空间中，利用"信息高速公路"传递给其他人，可以是特定的个人或是群体，也可以是随机性地发布。我们在网络上很容易就可以发现和自己志趣相投的人，他们在网络上畅所欲言，随时随地可以发表自己对于某件事情的看法。由此看来，新媒体的出现对于社会发展所造成的影响是十分深刻而巨大的。英国社会学家安东尼·吉登斯（Anthony Giddens）曾经说过："在互联网上，没有人可以知道其他人的真正面貌——他们是男性还是女性，或者生活在哪里。"[1]

3. 新媒体传播——技术性

在全媒体的时代大环境下，想要持续推进媒体行业发展，就必须要紧跟时代潮流，将数字技术和互联网技术等应用其中，这同样也为新媒体的产生奠定了基础。众所周知，正是因为科学技术的不断革新，媒体领域才会随之产生变革，在无形中信息的传播渠道得到了拓宽，最终构成了现在我们所看到的媒体传播构架，同时这一构架还在不断完善和改进。新媒体的产生不仅拉近了人与人之间的距离，社会的传媒方式也得到了现代化的转变，这一变化是令人可喜的。

4. 新媒体传播——个性化

新媒体的产生使得用户群体的权利范围得到了扩大，他们不仅可以选择，甚至还可以控制，以此来改变信息的传播方式和内容。例如：借助网络搜索引擎，使用者可以轻松地查阅到自己想看到的信息；在网络上人们也可以自由地选择音乐、视频和文字，随时随地都能够看到；原本的使用者还可能成为信息的传播者，借助微信订阅等方式可以轻松定制新闻等，这在以前都是不可想象的。在新媒体产品中，我们很容易就可以看到它的个性化和分众化特征。从某些角度来定义的话，其实新媒体就是可以为大众提供个性化内容的一种媒体形式，信息传播者和接收者的身份地位是对等的，而不再是单方面的压制或敌对，在这样的大环境下，无数的使用者都化身为"信息传播使者"在网络空间中进行互动和交流。

---

[1] 安东尼·吉登斯. 社会学 [M]. 李康，译. 北京：北京大学出版社，2009：597.

5. 新媒体传播——非线性传播

我们发现，以往在传统媒体中所采用的播出方式都是"线性的"，意思就是受众群体只能按照播出者事先所设定的节目流程观看，分秒不差。但是在新媒体时代，人们可以自由选择想要观看的节目，换而言之，采用的就是"非线性"的传播方式，媒体更为看重的是受众的反馈和选择结果。例如，网络社区和IPTV（交互式网络电视）的点播功能等都是这种传播方式的表现，在这种情形下，人们可以自主选择成为信息的传播者或是受众。

第二节 新媒体时代国家的国际传播力

一、国际传播力的内涵

在新时期，中国对外宣传的主体从单一到多元，从国家、政府和媒体"宣传""对外传播"到全员参与传播。而对于中国，基本的"宣传"又是何时变成了"传播"呢？国外有专家学者对此进行了细致研究，他们认为开始发生转变的契机是2001年中国成功加入世界贸易组织和2008年北京奥运会的成功申办。比如，北京奥运会引入了"媒体服务"概念，北京奥运会后《中华人民共和国外国常驻新闻机构和外国记者采访条例》颁布等。

全球化环境下，现代媒体的社会功能可以分为对外功能和对内功能。国际传播学者认为，媒体的对外政治功能包括提供国际信息、设置国际议程、展示国家形象、输出文化价值。因为国际传播力的范围较广，所以国内外学者对其展开了多方面的研究。本书所讨论的国际传播力，特指中国利用大众传播媒介与别国进行文化沟通与信息交流的能力。

二、国际传播力提升的意义

在信息传播技术主导的新媒体时代和全球化背景下，国家主权并没有被弱化，维护国家主权反而成为各国更为迫切的任务和目标。正如"主权回归现象"所述，即使对发达国家和超国家组织（欧盟）而言，国家主权的维护也极其重要。各个国家在掌握和运用传播技术的能力方面差异巨大，有学者称，在全球信息传播中，技术因素的影响力甚至超过了文化因素，成为主导力量。美国在全球信息产业中占有绝对优势，而现在电子传媒的发展使得美国对全球信息的控制得以通过大众传媒实现。①

现如今，世界发展呈现非常明显的多极化和经济全球化趋势，因而各个国家在保证本国利益的同时，处理事务时首先要遵守的原则就是"和平与发展"，这也是世界发展的主题。尤其对于那些民族国家而言，国家利益绝对不仅限于外交利益，文化和经济利益等也同样不能被忽略。国际传播力的大小和国家的可信度及媒体的影响力密切相关。笔者将提升我国国际传播力的意义概括如下。

（一）改变国际舆论局面

在新媒体时代下，我们迫切需要建立国际传播新秩序，包括我国在内的发展中国家面临着抢夺话语权、增强影响力的重要命题，国际传播力直接体现了我国媒体在国际舆论格局中的地位和作用。

（二）增强国家软实力

全球范围内国家的综合实力的竞争，更多表现为软实力方面的竞争。国际传播力的作用在于，硬实力的发展带动软实力，软实力的发展推动硬实力。软实力建设能提高国家外交行为的合理性和合法性，有利于国家利益的维护。

（三）保护国家文化安全

控制互联网和保护信息主权一直是广大发展中国家的难题。国家安全中的文化安全尤其需要重点保护。国际传播力的增强意味着捍卫国家主权和国家话语权的能力增强，所以，国际传播力可保护国家安全，尤其可保护国家文化安全。

（四）缩小信息影响力差距

新媒体时代传播形态的多元性和互动性可能带给弱势群体、少数派别以机会，这对于提升发展中国家的信息传播能力是十分有帮助的。对于它们来说，将新媒体技术融合进去，也就意味着在一定程度上革新和完善自己国家的信息传播格局，各国家水平不断靠拢，国际传播能力自然就会有所提升，可以缩小与西方发达国家的信息影响力差距。

---

① 宫玉萍，赵刚. 国际传播中的"软权力"与信息控制权 [J]. 当代世界，2007（10）：45-46.

（五）扩展隐性疆界

网络媒介加快了发达国家的文化价值观和意识形态的传播，这种所谓的"普世价值观"形成了隐性的势力疆界，而提升国际传播力就可以扩展国家隐性的势力疆界。

三、新媒体时代国家国际传播格局变化

科技的日新月异和传播方式的多元化，使得国家国际传播的范畴扩大、手段增多、影响力空前增强。

（一）国际传播范畴扩大

1. 国际传播主体的多元化

以互联网为代表的传播新科技带来的"多对多"的信息传播方式，使得信息的流动过程中减少了中介，传播变得更快和更远。

基于国际传播的政治性，以往国际传播中的主体多为政府控制的媒介机构，而新媒体时代的国际传播因为网络媒体的介入而呈现传播主体多元化特点，自媒体增多，这些自媒体在新的平台上进行国际传播，普通大众也可以参与传播，传播速度惊人。

2. 媒介形态的多样化

新媒体时代的媒介形态越来越多样化，报纸、广播、电视、互联网等共同参与国际传播，除此之外，新媒体平台增加，新媒体对传统媒体开放，传统媒体和新媒体融合发展后又产生了新的传播渠道。尤其是在政策和技术的双重驱动下，为"讲好中国故事，传递好中国声音"，近年来我国正着力构建新型主流媒体。例如，《人民日报》的转型方式就是从传统的纸质媒体转向了多方位的媒体融合传播矩阵。据调查显示，《人民日报》总计使用人数约3.5亿人次，而其中单纯的报纸阅读用户仅仅占到了其中的1%，因而目前人民日报社已经将传播重心转移到了互联网；[①] 除此之外，新华社也同样积极加入转型的行列中，为打造具有强大影响力和传播力的平台而不断努力；中国青年报社在转型策略上选择了将传统的

[①] 新浪财经. 云上的"中央厨房"[EB/OL]. （2017-05-16）[2022-10-28]. http://finance.sina.com.cn/roll/2017-05-16/doc-ifyfeius7972056.shtml.

报纸采编部门向全媒体形式的采编部门转型，最终实现了人力资源和绩效考核的改革和完善，建立起了完善的全媒体一体化协调机制。

（二）国际传播手段增多

1. 传播技术的演进促进传播发展

互联网出现后，传播技术的多样性导致国际传播的渠道不受限制，传播方式也相互结合和补充。

2. 新媒体的开放性、自主性特点使传播范围不断扩张

包括 BBS（网络论坛）、博客、播客、短视频平台在内的自媒体使得国际传播的手段增多，其开放性特点也扩展了传播的范围。

3. 新媒体和传统媒体促成媒介融合，拓宽了传播领域

传播技术的发展促成了传播渠道的多元化，实现了线上和线下的融合、手机和互联网的融合，扩展了传播领域。

（三）国际传播的影响力增强

在新媒体时代，网络媒体和社交媒体强大的"转发"和"共享"功能使得信息的扩散能力空前强大。网络媒体和社交媒体的传播突破了时间和空间的限制，而人际传播的参与更是扩大了传播的影响力。

国内传播和国际传播的同一化。网络媒体的跨境传播使得国内传播和国际传播的界限消除。在国际信息领域内，民族国家对信息的占有能力、支配能力和快速反应能力显得尤为重要，这也对国家提出了挑战。

国际传播的全球化传播。新媒体时代使得传播手段融合和传播态势不平衡，哪个国家拥有国际传播的优势，就能把握国际舆论的主导权，拥有国际话语权。

新媒体使得国际事务透明化，并能带来国际局势的巨大变化。传统媒体的国际传播必然会受到时空的限制，然而，新媒体打破了信息传播的屏障，网络用户可以无视国界的存在，国际政治局面得以改观。

第三节 传统媒体时代的中国国际传播力研究

国际传播力，简而言之，指的是一个国家在国际传播中对目标国家或地区进

行文化沟通与信息交流时产生明显传播效果的能力。进入大众传播时代之后，国际传播的主要工具是以印刷媒介、通讯社、国际广播、电视等为代表的主流大众传播媒介，而随着时代的变迁和科技的进步，卫星电视、移动终端等新媒体成为国际传播的新晋工具。传统媒体和新媒体并不存在被替代与替代的关系，二者在各自领域发挥着自身的优势，成为国际传播不可或缺的媒介途径。

一、传统媒体与国际传播力

我们一般所说的传统媒体，其实是一种相对而言的概念，是针对近几年新兴起的网络媒体来说的。因而，传统媒体大部分所指的还是主要使用大众传播方式进行信息传播的媒体形式，这种媒体通常都是定期发布信息，所使用的也还是较为老旧的机械装置。总体而言，我们可以大致将传统媒体归纳为三种基本类型：电视、报刊和广播。

在国际传播活动中，主要的传统媒体传播渠道有印刷媒介、通讯社、国际广播和电视等。

（一）印刷媒介

印刷媒介是指以纸张为物质载体，通过印刷手段传播文字信息的媒介。印刷媒介的形态多种多样，其基本形态有书籍和报纸，以及介于它们之间的杂志。广义的印刷媒介还包括标语、传单、海报等印刷品。

和其他传统的大众传播媒介一样，印刷媒介具有传递信息、影响舆论、提供娱乐、记录并传承人类精神文化遗产的功能。

由于印刷媒介自身形式多样，其功能也相应有所区别。

书籍是装订成册、有封面的印刷物，一般出版周期较长，并且便于长期使用和保存，主要是需要深入研究和探讨的某一专题内容。书籍的传播形式具有持久性，因此是传承文化遗产的主要渠道。

报纸是以刊载新闻报道和新闻评论为主的、定期连续向公众发行的散页出版物。报纸的出版周期短，传播速度快、范围广，适合提供新闻信息，还可以通过信息与广告传播为社会与公众提供各种服务。报纸通过文字、图片等可以印刷在纸面上的符号传递信息，是基于视觉的一种传播形式。报纸的保存性较强，并且价格低廉，此外，一张报纸可以供人反复阅读，也可供多人阅读，所以报纸具有较高的阅读率和传阅率。

对于读者来说，可以根据自己的爱好和习惯选择读报的时间、地点和阅读顺序，同时，不同的报纸因为其级别、性质、传播内容等的不同而在受众心目中具有不同程度的权威性。总体而言，公众对报纸信息的真实性和准确性认可度较高。

报纸的时效性差，这在一定程度上是因为报纸的出版流程较为复杂，不仅是最为基础的采编和排版等，印刷、编辑和发行等环节缺一不可，这些环节都需要进行反复的校对和确认以保证准确无误，由此报纸信息传播的速度较广播和电视相比较慢是必然的，这也是报纸最大的劣势所在。

杂志则是介于书籍与报纸之间的一种印刷媒介，与报纸相比，它是装订成册的，且有封面；与书籍相比，它是定期出版的。杂志虽然即时性不如报纸，但杂志可以在更广阔的背景下阐释和分析现实问题。"杂志最令人确信的实力之一是，它们提供丰富多彩的游戏、信息和思想。"[①]

印刷媒介作为一种信息载体和舆论工具，在现代社会中有着非常重要的地位和作用。随着国际交往的日益增多，其影响已深入世界的各个角落。它能够反映和影响一定的国际政治、经济和文化关系，同时也受制于一定的国际政治、经济和文化关系。[②]

从国际政治的角度来说，首先，印刷媒介可以反映国与国之间的关系，及时提供可能对国际关系产生影响的各种深度信息。一般的综合性日报，都有国际版，还有一些专门反映国际关系的报刊书籍，能为受众提供世界上发生的最新信息。不过，印刷媒介的国际传播力与地位明显受制于该媒介所在国的国际地位，强国与弱国对国际关系的影响有大有小，印刷媒介作为衡量政治力量的重要因素，国际传播力也不可同日而语。当今世界，《纽约时报》《华盛顿邮报》《华尔街日报》等强势报刊媒体背后是一个综合国力世界第一的超级大国——美国；随着苏联的解体，其最重要的报刊《真理报》的威信也大大下降。

其次，印刷媒介可以通过对一些新闻事实、观点的报道与传播来影响决策者和公众，进而影响国际关系。其中最极端的做法莫过于煽动民族情绪，导致战争

---

① 梅尔文·德弗勒，埃弗雷特·丹尼斯. 大众传播通论[M]. 颜建军，等译. 北京：华夏出版社，1989.
② 刘继南. 大众传播与国际关系[M]. 北京：北京广播学院出版社，1999：1.

爆发。例如，1898年的美西战争，虽然不能说是报纸引发了战争，但赫斯特的《纽约新闻报》的确对战争的爆发起到了火上浇油的作用。不过，印刷媒介对国际关系的影响也不全是负面的，如在越南战争中，随着战争的升级和美国国内反战情绪的高涨，像"美莱村惨案"这样揭露战争真实情况的报道在报刊上大量出现，报刊对美军暴行的报道为战争的最终结束起到了推动作用。

再次，印刷媒介作为国际舆论工具，经常受制于政府并为政府所用。通常来说，政府在制定外交政策之前或之后，都会通过媒介宣传为其政策提供支持，印刷媒介还可以充当政府正式或者非正式的发言人。

最后，印刷媒介还在国际关系中发挥渠道和桥梁的作用。例如，1878年《泰晤士报》就为获得会议条约文本派遣了间谍进入会场，因而在会议还未结束时，公众就已经看到有关会议的相关内容了。从国际经济的角度来说，报纸、书籍等印刷媒介在协调和发展国际经济关系中主要起到了以下作用：

第一，全面报道和评述国际经济的现状与变动情况；

第二，广泛评价各国经济改革与发展的经验和做法；

第三，及时评析和预测国际经济未来趋势；

第四，充分反映和表述本国对外经济贸易的政策和立场。

印刷媒介是人类文化传播最常用也最基本的载体，不同文化的交流与冲突也充分体现在印刷媒介上。从积极的角度来说，印刷媒介在世界范围内的扩散，使得科学和文化知识得到广泛传播，促进了世界文化的交流与融合，但与国际政治、经济、文化秩序相适应的印刷媒介也会成为某些国家进行文化侵略的重要工具。

（二）通讯社

在社会上，我们一般会将通讯社定义为企业，而它的存在就是为新闻的发布搜集材料，在这一过程中它们唯一需要遵循的原则就是尊重事实和充分表达意见。通讯社会将搜集的新闻材料转交给其他相关的媒体企业，在某些情况下发送给个人也是允许的，当然这一过程要在遵循法律法规的前提下进行，保证收费的合理性，尽可能为公众提供较为真实和公正的新闻信息。

往往在传播领域中，我们会将通讯社看作是一种传递信息的工具，它在国际新闻的传播中发挥的作用也是不容小觑的，甚至对于各个国家之间的关系也会有所影响。在大多数国家，通讯社是官方的"喉舌"，反映官方立场，传播国家的声音,是国家形象的塑造者和维护者。

一般来说,根据服务范围,通讯社可以分为世界性通讯社(如美联社、路透社等)、国际性通讯社(如埃菲社、安莎社等)、地区性通讯社(如亚太通讯社组织等)和国内通讯社(如以色列联合新闻通讯社等);而根据所有制性质,又可以将通讯社分为私营通讯社、官方通讯社、半官方通讯社和合作性质的通讯社。在目前的世界范围内,四大西方通讯社是指美联社、路透社、法新社和合众国际社,它们的共同特点是:诞生在经济发达的欧美国家,拥有相对悠久的历史,有大规模、现代化的新闻信息采集和传播网络,有遍布世界的用户,它们发稿数量大、时效性强,并且善于使用客观报道手法,对世界舆论有重大影响。

通讯社的成立对新闻的全球化流动起到了很大的推动作用,促使了新闻在全球各地的及时发布。目前国际信息传播渠道主要掌控在西方通讯社手中,它们中以英国的路透社、法国的法新社,以及美国的美联社为代表。

路透社在1850年由犹太人保罗·路透(Paul Reuter)在德国亚琛创办,1851年迁往英国伦敦。起初该社仅仅发布商业新闻,1859年2月7日,路透社记者抢先发回法国皇帝拿破仑三世在会议上的演讲稿,从此路透社声名大振。

现在,路透社是世界三大多媒体新闻通讯社之一,提供各类新闻和金融数据,目前它有员工16 800人,在全球的94个国家、200个城市设有运营处及197所新闻分社,提供19种语言的新闻,每天发稿量达70万字。[①]

法新社前身是建于1835年的哈瓦斯通讯社,哈瓦斯通讯社是世界上最早成立的通讯社,它在第二次世界大战中解体,于1944年重建,改名为法新社。

法新社属社会公共组织,其总部设在巴黎,拥有来自81个国家和地区的2 000多名雇员,其中900人左右在国外工作。法新社在165个国家和地区设有分社。法新社的新闻采写活动领域被分为5个报道区(这五个报道区分别为:以巴黎为中心的分社负责欧洲和非洲的新闻报道;以华盛顿为中心的分社负责北美的新闻报道;以蒙得维的亚为中心的分社负责拉美地区的新闻报道;以中国香港为中心的分社负责亚太地区的新闻报道;以尼科西亚为中心的分社负责中东地区的新闻报道),其国内订户为2 750家(650家报刊、400家电台、200家电视台、1 500家机关和公司用户),国外订户达10 500家(通过100家通讯社向7 600家

---

① 关世杰. 国际传播学[M]. 北京:北京大学出版社,2004:271.

报社、2 500家电台、400家电视台供稿）[①]。

美联社的前身是1848年成立的美国"港口新闻联合社"，总社设在纽约，是美国最大的通讯社。它实际上是一个合作形式的企业，由美国1 700家报刊和约5 000家广播电台、电视台合股而成。美联社在全球有243家新闻分社。美联社在每天用6种语言（英语、德语、荷兰语、法语、西班牙语、瑞典语）向客户提供近200万字的新闻，同时还提供照片、广播电视音像和网上服务。[②]

通讯社跟印刷媒介一样，在国际传播过程中不可避免地带有所在国的特点，并为所在国的国家利益服务。通讯社主要通过对于国家形象的描绘来维护其国家利益。就西方通讯社而言，它们都为维护本国的利益而不遗余力——对本国情况的报道，不但数量多、角度广，而且生动深刻，极具可读性，从而构建了其他国家受众心目中对西方的"美好印象"。通讯社还有可能通过对别国的国家形象进行选择性描绘，从而为本国的国家利益服务。比如，一些西方通讯社在报道发展中国家时，专门报道其"阴暗面"，大多数新闻内容都与骚乱、犯罪、灾难、愚昧、落后有关，而对这些国家的发展和进步视而不见。

（三）国际广播

国际广播，又被称为对外广播，专指以外国听众为对象的广播。它发轫于20世纪20年代，在拓展国际关系方面是最为普遍和简便易行的一种大众传播媒介，发挥着独有的作用。它在进行全球化信息传播的同时，直接为本国政治、经济利益服务。最早开设国际广播的国家是荷兰（1927年），不久，德国（1929年）、法国（1931年）、英国（1932年）、日本（1934年）等国家，也相继兴办国际广播。

根据办台宗旨不同，可以将国际广播电台大致分为五类：

第一类，各国政府开办的国际广播电台；

第二类，以营利为目的的商业性质广播电台；

第三类，旨在传教的国际宗教广播电台；

第四类，有意越过国界对邻国人民广播的；

第五类，一些持不同政见的组织从某国境外向该国广播的秘密电台。

目前，国际广播以第一类为主。国际广播作为一种大众传播媒介，是在国家

[①] 关世杰. 国际传播学 [M]. 北京：北京大学出版社，2004：272.
[②] 关世杰. 国际传播学 [M]. 北京：北京大学出版社，2004：271.

间传播信息，促进国与国之间互相理解，并帮助形成合理、正常的世界传播秩序以及公平的国际舆论环境。

但是，自从国际广播诞生之日起，就不可避免地为本国政治、经济利益服务，是各国占领国际舆论阵地的一个锐利武器。国际广播由于具备以下特点而成为国际传播中不可替代的一种大众媒体。

国际广播使用无线电波（主要是短波）传送节目，因而传播速度快、时效性强，同时不受空间的阻隔和国界的限制，有着极其广阔的覆盖面；无线电广播的传送和接收都比其他传媒简单易行；国际广播以声音为传播介质，通过有声语言和音响表达思想感情、渲染现场气氛，比起文字媒介更具有感染力和可信性，其传送的音乐节目，更是用音乐这种世界性语言与世界人民沟通，具备较强的亲和力；收音机的便携性也使得广播能够随时被接收；最后，在多次战争中，只有广播可以不受任何封锁，直达听众耳中。

鉴于以上种种优点，国际短波广播仍然是目前国际传播中很重要的工具，在网络媒体兴起之后，广播和网络的结合进一步扩大了国际广播的传播优势。

（四）电视

电视是运用电子技术手段传输图像和声音的现代化大众传播媒介，它通过光电转换系统将图像、声音和色彩及时重现在远距离的接收机屏幕上。在当今各种传播媒介并存的竞争局面中，电视仍以其视听兼备的独特传播优势占据着极其重要的位置，是大多数人接收新闻和娱乐信息的主要媒介之一。

电视是视听合一的媒介，其传播信息的渠道有两个，即视觉和听觉。这是电视与其他传播媒介的主要区别，自然也是电视的优势所在。这种视听兼具的特性在无形中吸引、扩宽了受众群体，信息的传播能力、数量和质量自然也会有所提升，人们能够通过观看电视以更为生动形象的方式接收信息，感受到事物的本质和内涵，与此同时，这种视听结合的传达方式会更大程度地刺激人们的大脑皮质，增强人们的记忆和储存能力。

除此之外，这种视听兼具的特性也增强了电视本身所具有的感染力，电视将客观事物生动的形象直接呈现在观众面前，使观众产生身临其境的感觉，极大地调动了观众的情绪。同时，电视的时效性强、受众面广。

但电视所传播的信息保存性差,且信息选择性也差,这是电子媒介的共同劣势;另外,电视机价格高并且不能轻便携带。

在国际传播过程中,电视传播的主角是卫星电视。自卫星电视兴起以来,世界各国纷纷采用这一先进的媒介技术进行跨地区、跨国界的电视传播。之所以卫星电视能够在众多媒体形式中占据一定的位置,是因为它本身受地域和经济限制小,即使是较为偏远的地区也具备观看卫星电视的条件。同时,对于各个国家来说,它们使用和普及卫星电视的目的就是扩大信息的接收群体,人们能够接收到更为广泛的信息资源。自此以后,随着卫星电视的不断普及和科学技术的飞速发展,它开始在人们的日常生活中占据更加重要的位置,甚至后来转变成为专门为人们提供信息的一种媒体形式,这也是喜闻乐见的,节目的数量和质量都得到了提升,相关公司和企业也抓住了机会迅速壮大了起来。以美国为例,美国的卫星电视业相当发达,形成了卫星传送与卫星直播并存、以卫星传送为主的格局。美国对待卫星电视的态度实际上受制于美国市场经济发展的需要。一方面,美国国内的卫星电视相互竞争,自由发展;另一方面,随着美国政治和经济的国际化,卫星电视大举进入国际传播市场,宣传美国文化。

在美国的卫星电视机构中,有一个机构不可不提,那就是商营国际卫星电视网,它最初是由著名的传媒行业巨头鲁伯特·默多克（Rupert Murdoch）创办成立的。截至2020年,默多克在世界各地自办、合办的卫星电视台和有线电视台已达14家。默多克的卫星电视覆盖范围已占全球面积的1/3和全球人口的2/3[1]。

卫星电视在世界的迅速兴起和发展,使全世界的电视传播出现了新局面,给跨越国境的信息传播带来了极大的便利。无论在时间还是空间上,卫星电视都使世界极大地缩小了。卫星电视加速了社会的信息化,全面实现了传播的国际化,改变了"空间"的意义——使得马歇尔·麦克卢汉（Marshall Mcluhan）所说的"地球村"概念逐渐成为现实。但是卫星电视的传播资源不均衡,单向传播导致世界文化同质化等问题越发凸显。技术进步推动的新型媒介形态促使卫星电视进一步发展,同时促成大量新媒体诞生,也进一步丰富了国际传播的媒介渠道。

---

[1] 刘继南. 大众传播与国际关系 [M]. 北京:北京广播学院出版社,1999:79.

二、中国的国家对外传播历程

（一）中国早期的对外传播思想

中国共产党开展对外宣传活动，最早可以追溯到1944年的延安时期，当时中国共产党提出了"选择和编发最重要、最有国际意义的新闻，消息必须绝对正确，照顾外国读者的理解程度，力求清晰易懂"等工作原则[①]。1949年后，周恩来、宋庆龄创办的《人民中国》《中国建设》等刊物各有分工，总原则是"争取对新中国和各项政策的理解和可能的支持"。刘少奇在1956年的《对广播事业局工作的指示》中指出，聘请外国顾问以照顾对象国的民族感情，在政治上由我国做主，语言和技术上以外国顾问为主。

周恩来指出："我们的对外刊物应该在原则上统一于党的领导之下，但在内容和风格上应该按照受众的不同而定。每一个刊物都应尽最大努力向世界各地的特定读者对象进行推广，因为我们不是在对自己而是在对世界讲话。"[②]

除此之外，周恩来认为，中国在进行对外传播活动时，要明确受众群体的区分标准，以不同的标准来对受众进行划分，一般是按照语言、文化和种族等，同时发布信息的内容和方法也要仔细斟酌[③]。"针对不同的传播对象，通过设置职能相异的外宣和内宣机构，发送不同的信息文本，以期取得不同的传播效果"[④]，这体现了我国对内传播和对外传播的"内外有别"原则。

（二）基于全球化和信息化的中国对外传播格局

随着网络社会的崛起，新媒体时代的到来，信息的全球传播已成事实，这个时候再谈对内传播和对外传播已经没有意义。全球化背景和地球村的现实，使对外传播已经演化为国际传播，但是无论是对外传播还是国际传播，民族国家的国家特性依然是传播的基础。20世纪80年代后，中国相继采用先进的通信技术、卫星传输技术、数码照相技术、电子激光照排技术、多媒体技术、国际互联网技术等，改造和新办了一批国际传媒。

---

① 李彦冰. 全球化背景下对外传播"内外有别"原则的困境与出路[C]// 中国传媒大学国际传播研究中心. 中国传媒大学第四届全国新闻学与传播学博士生学术研讨会论文集. 2010：327-334.
② 爱泼斯坦，沈苏儒. 周恩来总理和对外书刊出版（下）[J]. 对外大传播，1998（3）：14-16.
③ 同②.
④ 阎立峰. 外宣"内外有别"原则：地理与心灵的辩证法[J]. 现代传播（中国传媒大学学报），2008（4）：46-48.

中国媒体域外"落地",扩大了国际传播的覆盖面。以海外华人、华侨以及港、澳、台同胞为主要传播对象的中央电视台第四套节目(国际频道)的开播(1992年),以及面向国外观众的中央电视台第九套节目(英语国际频道)的开播(2000年),更是标志着我国国际传播进入了一个新时期。

2009年以后,我国对外传播逐步形成了"1+6+N"的立体化格局,也就是以旗舰媒体和六大央媒为先导,多方主体共同参与对外传播。目前随着传播技术的升级换代,传播格局也随之而变,移动互联网拓宽了对外传播的领域,也使得对外传播有了新方式。

《中国日报》的iPhone客户端于2009年9月登录苹果应用商店;2010年1月1日,新华社中国新华新闻电视网中文台正式开播;2016年12月31日,中国国际电视台(CGTN)成为2017年全新起航的国际传播旗舰平台。自此,《中国日报》《人民日报》和新华社英文客户端、中国国际电视台等媒体开启了国际传播的新局面。

三、中国的国际传播特色

(一)以报纸为主的印刷媒介

中国以报纸为代表的印刷媒介,作为党、政府、人民的信息传播工具和舆论工具,不仅担负着对内信息传播和舆论宣传的任务,而且肩负着对外信息传播和舆论宣传的使命,在维护中国国家形象、发展中国国际关系中发挥着重要作用。我国报纸的国际传播力主要是通过对外宣传报道体现出来的。

中国党和政府历来重视对外宣传工作。从毛泽东、周恩来等老一辈无产阶级革命家到邓小平、江泽民、胡锦涛等历届领导人都曾就对外宣传工作作出过重要指示。当年,《人民中国》《北京周报》和《中国建设》等一批对外宣传刊物都是在周恩来的亲自关怀和指示下创办的。

中国以印刷传媒为主的对外宣传主体,是中国外文出版发行事业局(简称中国外文局)所属的一些期刊社和出版社,同时也包括其他对外宣传报刊和图书出版机构。

中国外文局的前身是1949年10月在毛泽东、周恩来、陈毅等老一辈无产阶级革命家的直接领导下创办的中央人民政府新闻总署国际新闻局。它是中央直属领导的事业单位，主要负责的就是国家的对外宣传等相关工作，大部分集中在新闻出版上，可以说是发展历史最长、规模最大的对外传播机构。

中国的对外宣传工作是国家总体外交工作的重要组成部分，担负着向海外读者宣传中国的任务。中国的对外宣传工作围绕"让世界了解中国，让中国走向世界"的目标，不断取得新的进展。

在中华人民共和国成立之初，主要的对外宣传任务是向世界介绍中华人民共和国的真实情况，以增进各国人民对我们的了解。为此，在周恩来的倡导和支持下，我国先后于1950年创办了《人民中国》英文版（1月1日）和《人民画报》外文版（7月1日，对外称《中国画报》）。这些刊物通过大量具体、生动、形象的文字和图片报道，使广大海外读者了解了中华人民共和国经济建设的成就和社会发展状况，以及中国人民为此所做的各种努力。

1958年3月4日创刊的《北京周报》是中国第一个同时使用多种外文（英、法、西、日、德）出版的新闻周刊。它借助时效优势，及时报道我国政府的方针、政策及在国际事务中的立场、态度，宣传我国社会主义革命和建设的成就、经验，介绍中华民族的优秀传统文化，提供重大事件具体的背景材料与统计数据，成为我国对外宣传刊物中最具政治性和权威性的刊物之一。

20世纪60年代，中国已经初步形成了以外文局所属的《北京周报》《人民画报》《中国建设》《人民中国》《中国文学》《人民中国报道》六家刊物为主体的印刷传媒对外宣传体系，这些刊物承担起了我国主要的对外宣传任务。

1978年，中共十一届三中全会以后，中国实行改革开放，国家的政治、经济和社会生活发生了重大变化。1995年，中共中央指定中国外文局为中共中央所属事业单位，承担党和国家赋予的对外宣传任务，并明确了它的主要职责是贯彻中央有关对外宣传的方针、政策，总体规划外文书刊的出版、印刷、发行等工作。

以印刷传媒为主的对外宣传机构，除了有中国外文局所属的期刊社和出版社外，还有《中国日报》《人民日报海外版》等报刊，以及其他一些承担对外宣传任务的出版发行机构。

《中国日报》创刊于1981年6月1日，是我国唯一一份国家级英文日报，其主要读者对象是在中国的外国人，包括来华访问、工作、旅游的各国人士，以及对中国感兴趣的海外读者和国内的英语爱好者。

《中国日报》的国内订阅结构为：国内经营类公司占 30%，教育科技界事业单位占 6%，各国驻华使馆、新闻机构、星级饭店占 9%，政府机构占 23%，外企占 26%，其他占 6%。根据《中国日报》北美发行公司的调查，《中国日报》国外订阅结构为：工商金融界占 54%，政府部门占 16%，贸易机构占 13%，新闻出版界占 4%，其他占 13%[①]。

《中国日报》的期发行量逐年增长，读者遍及国内外 150 多个国家和地区。除正刊外，该报还办有《北京周末报》《上海英文星报》，同时还创办了香港版、美国版和欧洲版等，形成自己的报刊体系。

其中，《中国日报》香港版创刊于 1997 年，周一至周四每天 24 版，周五 32 版，周末每天 16 版，是香港回归祖国后中央批准在香港出版的唯一一份中央级报纸，发行至港、澳、台地区。同时，该报也有部分东南亚国家的行政机构官员、企业高级管理人员、学者等高端读者。

《中国日报》美国版创刊于 2009 年，周一至周四每天 16 版，周末 40 版，主要是美国政府机构、高端智库、重点大学、主要金融机构、跨国公司和包括联合国在内的众多国际组织订阅此报。

《中国日报》欧洲版创刊于 2010 年，周刊，每期 32 版，主要是英国、德国、法国、比利时、西班牙、荷兰、瑞士、葡萄牙、挪威、波兰约 40 个国家的政府机构、议会、高端智库、跨国企业及社会名流等订阅此报。

《中国日报》亚洲版创刊于 2010 年，周刊，每期 24 版，主要发行地区为韩国、日本、泰国、新加坡和马来西亚等国家，而订阅这份报纸的主要都是这些国家中处于决策地位和精英阶层的人。

《中国日报》非洲版创刊于 2012 年，周刊，每期 24 版，主要发行地区集中在埃塞俄比亚、坦桑尼亚和肯尼亚等非洲国家，订阅这份报纸的人主要是在政府机关或是跨国公司工作的人，一些著名的工商界人士或是重点大学的师生也同样会阅读。

《中国国家形象专刊》创刊于 1992 年，月刊，随《每日电讯报》《金融时报》《华盛顿邮报》《纽约时报》《国际先驱论坛报》等欧美主流报纸夹报发行，直接

---

① 关世杰. 国际传播学 [M] 北京：北京大学出版社，2004：365.

送达各界高端读者手中。

在21世纪英文报系中,《21世纪英文报》创刊于1993年,是一份面向国内广大英语学习者的普及性英语周报,每周出版大学生版、中学生版、小学生版等共8个版本,该报系还主办21世纪网和《21世纪英文报》手机报,最终该报系形成了"21世纪英语教育传媒"品牌。

《中国日报》为迎合世界发展潮流,积极与新媒体技术相融合,最终于1995年创办了中国日报网,这也是我国最早的国家级英文网站,发展到现在,已经成为我国最具影响力的英文网站。经调查研究显示,该网站的平均日访问量已经超过了4 700万次。同时,中国日报网还在不断拓宽自己的"业务"范围,其旗下现在共有30多个子网站和300多个频道,采用多渠道、全天候的方式向世界发布中国的相关消息和资讯[①]。

《中国日报》iPhone、iPad客户端也分别于2009年9月、2010年4月登陆全球最大的在线软件店——苹果App Store。现在,《中国日报》在全球已有超过100万用户,他们分布在120余个国家和地区。《中国日报》是中国第一家在苹果产品平台上推出资讯服务的国家级平面媒体,同时与西方主流媒体在该平台上进行竞争[②]。

在不断提升网站建设水平的同时,《中国日报》也在微博、微信、Facebook(脸书)和Twitter(推特)等社交媒体平台上开通了账号。截至2019年8月,《中国日报》微博粉丝数超过4 500万,微信订阅人数超过600万,Facebook账号粉丝数超过8 000万,Twitter账号粉丝数超过400万[③]。

《中国日报》国际版最终于2019年1月创刊,随之也同步启动了网站、客户端和媒体账号等相关的信息传播工作,这就在一定程度上将美国版、英国版、非洲版、亚洲版和欧洲版等多个版本进行了重新整合,全新的海外版本更为详细地论述和讲解了中国的相关政策和立场,旨在向全世界宣扬中国文化、讲述中国故事、发出中国声音,这也是在全媒体时代下一种全新的信息传播形式。《中国

[①] 百度百科. 中国日报[EB/OL].(2017-02-18)[2022-11-03]. https://baike.baidu.com/item/%E4%B8%AD%E5%9B%BD%E6%97%A5%E6%8A%A5/2266742?fr=aladdin.
[②] 中国日报网. 中国日报简介[EB/OL].(2014-05-25)[2019-06-02]. http://www.chinadaily.com.cn/static_c/gyzgrbwz.html.
[③] 中国日报网. 中国日报社情况介绍[EB/OL].(2020-09-10)[2022-11-09]. https://baijiahao.baidu.com/s?id=1677429468281422821&wfr=spider&for=pc.

日报》国际版每周一至周五出版对开 16 版日报,每周五增出 4 开 32 版周末版;在全球 33 个印点全彩印刷,总期均发行量 30 万份,覆盖 63 个国家和地区的高端读者[1]。

创刊于 1985 年 7 月 16 日的《人民日报海外版》是以海外侨胞、外籍华人、港澳台同胞及懂中文的外国朋友为主要对象的大型综合报纸。《人民日报海外版》于 2002 年和印尼《国际日报》开展内容合作,开始尝试与华人华侨比较多的海外国家和地区的媒体开展合作,通过与海外华文报纸合作的方式开拓海外市场、扩大海外版的影响。《人民日报海外版》选择爱国、有资金实力和发行渠道的媒体作为合作对象,给合作方以《人民日报海外版》战略合作伙伴的名号,合作方报纸则拿出一些版面专门刊登《人民日报海外版》上的稿件。2010 年,已有 20 家海外华文媒体和《人民日报海外版》建立了合作,如希腊《中希时报》、罗马尼亚《旅罗华人报》、爱尔兰《新岛周报》、南非《华人报》等。在新媒体业务方面,《人民日报海外版》与意大利天天电信公司合作的意大利版手机报是很成功的例子。

随着近几年科学技术的不断发展和成熟,《人民日报》也始终在不断进行革新,向媒体融合方向进行转型,随后就推出了"中央厨房"试运行实践平台和"融媒体工作室"计划。不仅如此,《人民日报》为了满足用户的多元化需求,还先后推出微博、微信公众号和客户端等,形成独特的新媒体矩阵。

1980 年以后,我国还出版了《中国旅游导报》(英文周刊)、《中国西藏》(英文季刊)、《华声》(中英文月刊)等一些对外宣传报刊;出版了大量有关我国政治、经济、文化、历史、科技、旅游、民俗等方面的外文书籍和画册。这些报刊、图书同其他对外宣传媒体共同真实地报道和宣传了我国的政策、建设成就、社会状况、历史传统、民族文化、科技发明等,使广大海外读者了解到中国的历史文化和现实发展,进而我国的改革开放和现代化建设拥有了良好的国际舆论环境。

在开展对外政治、经济和文化交流,发展同其他国家关系方面,我国除了采取对外宣传报道的方式,让世界了解中国外,还对内进行国际报道,向广大国内读者报道国外情况,让国人了解世界。

---

[1] 中国日报网. 中国日报简介 [EB/OL]. (2014-05-25) [2019-06-02]. http://www.chinadaily.com.cn/static_c/gyzgrbwz.html.

目前，我国大多数综合性机关报刊和中央级的行业报刊、专业报刊都设有国际版，主要刊登由新华社、中新社和中国国际广播电台等新闻机构采编的国际新闻。有些大的报社，像《人民日报》《光明日报》《经济日报》《中国青年报》等也刊发本报外派记者的稿件。

在我国印刷媒介中，国际新闻报道的主力是一些专门性的国际新闻报纸和期刊，其中影响最大的是《参考消息》。《参考消息》1931年11月7日诞生于中共中央革命根据地瑞金，从1985年1月1日起开始在全国发行。作为参考类报纸，它主要选登世界各通讯社的消息和海外主要报刊的材料，主要报道的就是国际时事，类型包含政治、经济、体育、军事等多种。《参考消息》融时事性、参考性、知识性、可读性为一体，是国人获取国际时事信息和知识的主要渠道。

目前，《参考消息》在全国31个省（自治区、直辖市）开设了56个分印点，采用卫星传版和同步印刷的方式，是我国设立分印点最多的报纸，也是中国发行量最大的日报，读者规模近2 000万。

2007年，世界报业协会公布了"全球日报发行量前100名名单"，《参考消息》排名第五位。2008年，《参考消息》获得了"2008年度中国最具品牌传播力的强势媒体——中国十大品牌传播力综合专业报"荣誉称号和《哥伦比亚新闻评论》发布的"2008年（首届）传媒行业中国标杆品牌"（时事类报纸）称号。

2009年，《参考消息》入选中国世界纪录协会中国发行量最大的日报。在2010年，世界品牌实验室于北京公布了2010年（第七届）"中国500最具价值品牌排行榜"，《参考消息》品牌价值突破80亿元，由2009年的72.96亿元上升至82.61亿元，位居中国平面媒体第二。2010年8月，世界报业与新闻工作者协会发布"2010年世界日报发行量前100名排行榜"，《参考消息》排名第六，发行量为325.4万份[①]。

除此之外，我国印刷媒介中国际新闻报道的主力还有人民日报社主办的《环球时报》、中国国际广播电台主办的《世界经济新闻报》和国家对外经贸合作部主办的《国际商报》等一些专门性的国际新闻报纸。

我国的传统印刷媒介是对内和对外两种途径中都很有影响力的媒体，但如何

---

① 百度百科. 参考消息[EB/OL]. （2022-06-20）[2022-11-09]. https://baike.baidu.com/item/%E5%8F%82%E8%80%83%E6%B6%88%E6%81%AF/808150?fr=aladdin.

提升传统媒体美誉度,产生更多国际知名媒体,则是我国下一步需要慎重考虑的问题。

(二)中国卫星电视

我国的电视事业起步于 1958 年。到 20 世纪 70 年代初,我国基本建成了从北京通向全国的微波干线,这是我国当时电视传播的主要方式。由于我国幅员辽阔,地形复杂,70% 以上的地区为山地和丘陵,而微波传送技术受地形、地貌的影响和制约,电视节目覆盖率增长不快,到 1985 年,电视节目覆盖率仍然不足 50%。

1972 年 2 月,美国总统尼克松访华,北京电视台(中央电视台的前身)、上海电视台协助美国三大广播公司的记者和技术人员通过卫星向国外传送电视新闻节目,这是我国首次通过国际通信卫星向世界发送电视新闻报道。此后,一些国家元首访华,北京电视台都协助对方通过卫星传送实况或新闻图片。

1984 年 4 月 8 日,我国自己发射的第一颗实验通信卫星"东方红二号"成功定点于 125° E 的赤道上空,标志着我国广播电视事业开始迈入空间时代。经过一段时间的调试之后,1984 年 4 月 20 日,"东方红二号"进行了 15 路广播、1 路电视信号的传输实验,新疆乌鲁木齐当天就接收到了中央电视台的节目。

为了满足亚太地区的经济发展需要,一家以中资为主的从事通信卫星及地面通信设施服务的公司——亚太通信卫星有限公司,于 1992 年在中国香港成立,并于 1994 年 7 月购买了第一颗商用卫星"亚太 1 号"。

1990 年,我国的长征三号运载火箭在西昌卫星发射中心为亚洲卫星通信有限公司成功发射了"亚洲 1 号"卫星。1995 年 11 月,作为"亚洲 1 号"备用星的"亚洲 2 号"成功发射,其 C 波段可覆盖世界约 72% 的人口。

我国最早开展卫星电视对外输出节目业务始于 1991 年,其中一条路径是通过租用"亚洲 1 号"卫星上的转发器来完成的,随后用 NTSC 制(全国电视系统委员会制式)向整个亚洲地区输送我国的中央第四套节目;另一条通路是租用 96.5° E 俄罗斯卫星上的一个波段。中央电视台第四套节目又通过其他国际通信卫星对外传送节目,传播范围覆盖全世界,并开始全天 24 小时播出,初步完成了中国电视走向世界、覆盖全球的对外传播计划。

为做好卫星节目的落地工作,美国 3C 集团与中央电视台合作,于 1993 年 1

月 1 日起开辟了一条由中国至北美的国际卫星特别传输通道。中央电视台每天将节目发送到"亚洲 1 号"卫星上，然后由中国香港卫星地面站、国际中转卫星和美国卫星地面站将节目传到芝加哥华语电视台，之后 3C 集团所属的新世纪北美联播网，使用可以涵盖整个北美地区的 C 波段和 KU 波段卫星，将节目发送到北美地区国家播出。

从目前的发展状况来看，中国的海外电视频道可以分为两大类，分别为中央电视台的海外分台和本国的外语频道。自 2004 年中央电视台启动"走出去"战略后，中央第四套和第九套电视栏目开始进行改版，它们选择从传播信息的方式方法、内容和观念等方面入手。举例来说，CCTV-9 的栏目宣传词从最初的"Your Window on China"改为了"Your Window on China and the World"，同时在内容方面加入了有关经济和文化的内容。到了 2004 年 10 月份，中央电视台的第三个国际频道——西法频道诞生了，它是以西班牙语和法语为主。在大致同一时间，中央广播电视总台与地方电视台和境外电视台开展了相关合作，"中国卫星电视长城平台"就是其中一个优异成果，这个平台总共由 17 个频道组成。到了 2005 年以后，中央电视台的对外传播能力明显增强，传播速度也开始加快。2005 年 2 月，长城（亚洲）平台启动，仅在当年一年，中央第四频道就在世界各地开展了多达 50 个项目，当时累积的海外受众群体人数已经达到了 1 000 万户，同时中央第九频道也完成了落地项目 75 个，海外观看用户已经达到了 4 000 万户左右[1]。

大体来说，我们可以将中央电视台的对外传播业务概括为五个部分。

一是电视国际频道。到 2007 年年末为止，中央广播电视总台旗下的四个国际频道累积在 137 个国家实现了落地，其中英语频道占比最多，约为 75%，中文频道其次，约为 18%，剩下的就是法语和西语频道，分别约占 4% 和 3%[2]。

二是长城卫星平台。长城卫星平台的受众主要是集中在美洲、欧洲和亚洲三个地区，合计使用用户已超过数百万人次。

三是节目外销。对于节目外销而言，中央广播电视总台通过网络营销已经总计销售达到了近 10 000 部/集的电视剧、电影或纪录片。

四是与境外电视媒体合作。在报道世界重大事件时，中央电视台先后与 100

---

[1] 陈怡，吴长伟. 国际传播能力研究：国家与媒体案例集 [M]. 合肥：安徽大学出版社，2015.
[2] 叶国标，梁智勇. 中国电视媒体对外传播新格局与国际化策略浅析 [J]. 新闻记者，2010（09）：42-45.

个国家、地区和电视媒体进行合作。

五是新媒体业务。所谓的新媒体技术融入电视媒体，主要就是体现在网络节目上，它可以通过多种移动设备随时观看。随着近几年技术发展的不断成熟，中央电视台的对外传播业务范围也在不断拓展，最终形成了多语种、多地区的全方位格局。

（三）中国国际广播

纵观历史，我党早在抗日战争时期就着手广播电台的外语宣传建设工作，这是国际广播工作的开端。在1941年，中国共产党领导创办的第一座广播电台——延安新华广播电台开启了自己的日语广播生涯，这也是中国人民广播第一次对外发出声音，当时主要是采用日语进行播报，内容主要集中在宣传反法西斯战争和抗日战争的相关内容，同时宣扬中国共产党的一些政策和主张。在宣传策略上，当时延安新华广播电台已经注意到内外有别，于是将事实报道与评论、综述分开，加强针对性。但是因为设备存在问题，延安新华广播电台不得不暂时中断日语和对内广播计划。

1947年9月11日，延安新华广播电台由延安迁至河北涉县沙河村，并改名为陕北新华广播电台，这时的播报语言开始涉及英语，每天大致会持续20分钟左右的时间，这也是在中国共产党领导下所开办的第二个外语广播节目。到了1949年3月，陕北新华广播电台迁入北京后遂改名为北平新华广播电台。1949年6月，日语广播恢复播音，同时，北平新华广播电台又开办了对外广播的广州话、潮州话和厦门话节目。中华人民共和国成立后，北平新华广播电台定名为中央人民广播电台，在进行对内广播的同时也进行对外广播。

到1965年10月底，我国对外广播使用语言达32种，当时中国对外广播的规模、语种数和播音时长仅次于苏联和美国，在世界上居第三位，听众也越来越多，仅1965年就收到133个国家和地区的听众来信28.6万多封，创历史最高纪录[1]。

1978年5月，我国对外广播的呼号由"北京电台"改为"中国国际广播电台"。1982年中华人民共和国广播电视部成立后，采取了一系列措施，进一步加强了对外广播的领导。在中央的关怀下，对外广播的指导思想摆脱了"左"的思想桎梏，

---

[1] 刘继南. 大众传播与国际关系[M]. 北京：北京广播学院出版社，2000：46.

得到了端正，对外广播的节目实现了主旋律和多样性的有机结合，广播节目的知识性和针对性也得到了提升。

发展到了现在，中国国际广播电台已经可以使用61种语言向全世界讲述自己的故事，截止到2010年年末，总计对外播出节目时长达到2 471小时。与此同时，在2010年间，就有来自世界多个国家和地区的听众来信达到了数百万件之多，甚至组建起了听众俱乐部，数量也已达到了3 000多个[①]。如果从使用语言数量和收到听众来信数量来说，我们可以说中国国际广播电台已经成为世界上最主要的一个广播电台。

在2006年年初，中国国际广播电台在海外开办了属于自己的第一家调频广播电台，选址在肯尼亚首都内罗毕，每日播出时长达到19个小时左右，使用的语言主要集中在中文、英语和斯瓦希里语。

到了2008年，在北京奥运会召开之际，结合当时的媒体发展潮流，移动国际在线中英文版开始上线试运行，它不仅可以为使用者提供最新的奥运资讯，还可以为来到北京的用户提供实用的旅游攻略和信息反馈。自北京奥运会结束后，国家根据试运行反馈情况，又添加了语言学习和视频等板块。

中国国际广播电视网络台（CIBN）于2011年1月18日正式成立，这也是国家顺应技术发展潮流、积极融合新媒体技术所作出的重大改变，它很好地迎合了当代群众的兴趣发展趋势，是位于新媒体领域的国家广播电视播出机构。中国国际广播电视网络台以"多语种、多终端"为突出特色，同时还涵盖了多种语言的电台集群、网络电视频道和移动服务终端，形成广播媒体发展新格局，旨在为受众群体提供更新、更具事实性的新闻资讯，同时在文化、体育、语言等多方面为他们提供学习和交流空间。

改革开放40多年来，中国国际广播电台在广播语种数、播出时长、发射条件、覆盖手段、收听效果、新闻来源等方面得到了历史性的开拓和发展。目前，中国国际广播电台不仅是我国拥有海外受众最多、影响最大的外宣单位之一，而且它的广播语种数、播出时长、发射功率和听众来信四项指标均居世界国际广播电台排名的前列。

---

① 百度百科. 广播[EB/OL]. （2022-03-22）[2022-10-11]. https://baike.baidu.com/item/%E5%B9%BF%E6%92%AD/656406?fr=aladdin.

随着中国综合国力的增强，特别是经济实力的不断提升，中国在国际社会中的地位越来越突出，中国通过国际广播这一迅捷的途径可以及时向世界告知中国正在发生的变化，让中国的信息融入世界信息流之中，使中国成为信息全球化过程中重要的参与者。我国只有通过国际广播这一迅捷的途径，才能让世界及时了解真实的中国，才能在国际传播中抢回属于中国的话语权，塑造良好的国家形象。

最后，中国利用国际广播，在塑造良好国家形象的基础上，可以充分展现自身悠久的文明历史及现代化建设成就，展现自身文化软实力，吸引更多的外国友人了解中国文化、理解中国的发展模式。

综上所述，国际广播对于中国国际传播的意义在于：传递来自中国的信息与观点，以增进世界对中国的了解，塑造中国的良好形象；开展中国公共外交，展现中国软实力。

（四）中国通讯社

在我国，最著名的通讯社就是新华通讯社，一般我们也将其简称为新华社，这是一个涵盖了世界上众多类型资讯的全媒体机构，既具有国家性质也具有国际性质。

新华社的前身是红色中华通讯社，它是于1931年在江西瑞金成立的，随后在1937年又更为现在的名字。新华社的总部选址在我国的首都北京，除台湾地区外，在全国各个地区都设有分社，总计达33个，同时也向台湾地区派遣驻点记者，甚至在一些重点城市中还设置了记者站，境外也有多达140多个的分支机构，以保证我国信息采集的准确性、即时性和真实性，形成了涵盖全球范围的信息采集网络，每天都在不间断地向外界输送知识和产品。

在全媒体时代环境下，新华社为顺应时代潮流不得不进行转型，从以往仅仅生产传统新闻产品逐渐向多元化媒体形式和多业态发展模式进行转变，传输过程中不再有信息缺失，都是直接面向受众群体的。与此同时，在转型过程中，新华社也在加强信息传播能力，为贯彻实施"阵地前移"战略，充分发挥人民的"喉舌"作用，最终初步建成包含电视、金融、报刊、网络等多种业务为一体的媒体形式，探索出一条与市场能够紧密连接、丰富运营体制的新路径。众所周知，新华社在信息传播方面的能力和水平都是很高的，也正是因为这样，它可以带领我国的媒体产业不断发展壮大，提升我国的国际地位，在国际事务中争夺话语权，向成为一个具有国际先进水平的中国特色社会主义现代化国家通讯社目标不断迈进。

作为我国的重点新闻网站，新华社以 7 种语言形式向全球传递着我国的治国政策和理念，每天不间断，由此其在国内的影响力也是不容小觑的，也被称作"中国最有影响力网站"，全球网站综合排名稳定在 190 位以内。除此之外，在新华网的支持下，中国最大的国家级网站集群也成立了，其中囊括了中国文明网、中国政府网等颇具影响力的大型网站，受到人们的青睐。不仅如此，为扩大业务规模，新华网还创建了产业园区，为后续的新媒体业态革新工作的开展打下了坚实基础。

从图片汇总方面来看，新华社可以说是具有国内最大规模、最具权威性的新闻图片库，这就是"中国全球图片总汇"，为保证图片更新的即时性和审核的严谨性，新华社在海内外共签约了数千名摄影师，不仅保证了图片质量，储集数量也是在国内首屈一指的，共计媒体每天约更新各类图片数千余张。为扩大自身的影响力，新华社还大力推进"图片产业化"战略，中国国际文化影像传播有限公司就是在这样的境遇下创办起来的；由其所主办的"新华影廊"也在海内外颇受好评，有关国内外重大事件还有专门的主题摄影展，如北京奥运会大型图片展；从所存图片的历史来看，最久远的已经可以追溯到 19 世纪末的清朝。

新华社还具有传媒行业中规模最大的多媒体数据库，其中囊括的数据以"多语种、多元化"为主要特征，这可以说是领先于国际水平了。为保障新闻报道的准确性和即时性，完善新闻传播产业链，新华社多媒体数据库逐渐发展成为专业性质的商业数据库，以此为我国的国际传播事业添砖加瓦。为深入推进"媒体融合"战略，新华社启用了一种全新的全媒体供稿系统，这就在一定程度上提升了用户的体验感，只要是用户群体访问至新华社供稿网站或新华社多媒体数据库等相关页面时，系统就会自动跳转到"新华全媒"新闻服务平台登录页面。

第四节　融媒体语境下的中国国际传播力探究

随着互联网的出现而诞生的新兴媒体，有着与传统媒体迥异的特征，它是建立在数字技术基础之上的、包含信息丰富、速度更快、传播方式多样的媒体。第一，它主要包括光纤电缆通信网、数字电视、手机等。第二，随着社会发展和生活方式的改变，一直存在但长期未被社会发现传播价值的渠道和载体，因为营销理念的变革和泛商业化的运用而成为新型传播载体，被赋予了媒体的意义。新媒体技术带来广电、电信和互联网的产业融合，即"三网融合"，也催促着传统媒体积极踊跃投身于融媒体变革浪潮之中，技术的进步、传播语境的改变、传统话语权的解构和内容生产方式的转变也渗透在国际传播建设的过程中。

一、融媒体语境下国际媒体的新趋势

在当代，随着网络的发展，全球化的概念从经济领域扩展到信息领域，国际传播的能力又一次随着技术发展而提升，网络和以网络为依托的社交平台发展日新月异，世界日益连成一个整体，世界的政治、经济、文化、军事领域都受到了信息化和全球化的重大影响。而随着5G时代的到来，在国际传播过程中，我们只有把握住国际传播趋势，跟上媒介环境变革，才能在国际传播的不平等格局和强势文化中占得一席之地。

（一）多元化互联网时代下国际媒介格局的重构

随着互联网尤其是移动互联网的高速发展，人们的工作和生活方式迎来多方面变革，同时也直接或间接地改变着曾经被西方发达国家传统媒体主导的世界舆论格局。截至2019年6月30日，全球网民数量已达44.22亿，中国网民数量为8.29亿（互联网普及率为59.6%），占比18.75%，规模居全球之首[1]。这说明互联网全球化浪潮已经改变了以美国为中心的媒介格局，更加多元化的互联网时代正在来临。面对新的媒介格局，"改进国际传播策略，提升融媒体环境下的舆论影响力"已经成为当下各国应对国际传播形势变化的一致选择。

（二）全媒体时代下传统媒体渠道的融合

在互联网时代，声音、文字、图像等符号被整合到了一个平台上，互联网和各种智能终端的逐步普及让信息流动方式从延时单向传播转变为即时互动交流，从官方发布变为全民播报。为了适应时代变化，进行更加有效的传播，传统媒体也在不断调整自身传播机制，进行升级改造和多渠道发行。例如，报纸行业采取

---

[1] 硅谷动力．全球网民数量创新高：中国手机网民8.17亿[EB/OL]．（2019-07-18）[2023-01-05]. http://www.enet.com.cn/article/2019/0718/A20190718949926.html.

新闻中心模式、报网合一模式，甚至直接从纸质媒体转变为网络媒体。传播内容多样化、主体多元化和渠道立体化带来的直接结果是，越来越多的"官媒"主动出击入驻 YouTube（优兔）、Twitter（推特）、Facebook（脸谱网）等社交媒体，越来越多的普通民众和民间团体走出国门，加入国际传播大军。总而言之，新媒体环境下的国际传播渠道图文与声像并茂，权威媒体与民间记者共存，官方报道和小道消息齐飞，传播者与接收者角色互动互换，信息不仅通过传统渠道单向直线传播，还可以通过移动终端和人际关系网进行互动式、裂变式扩散。

（三）大数据时代下传播理念的更新转换

随着信息和通信技术的普及与日益成熟，大数据应运而生。"大数据"的定义：这是一类与传统数据库软件相比功能更为强大的数据集合，不论是在管理、储存还是分析方面都有了大幅度的提升，具有海量的数据规模、多样的数据类型、快速的数据流转和较低的价值密度。大数据为人们提供了一种全新的看待世界的方式，很多企业在使用大数据寻找目标受众、投放广告上早就手段娴熟，大数据也为媒体精准接触到受众提供了便利工具，许多媒体开始通过大数据分析、获取受众信息消费"肖像"，从而了解用户使用媒介的习惯，进而实现媒体产品的精准推送，媒体的传播理念也逐渐从自上而下的传播转变为精准化传播，开始从受众思维向用户思维转变，注重个性化内容的精准传播。

（四）全民参与时代下文化传播视角的切换

随着电脑、手机、数字电视终端的普及，新媒体平台的多元性、开放性、民主性正在赋权于民，国际传播走进了"人人都是麦克风"的新时代，只要拥有一部能上网的手机和相应的 App，人人都可以成为国际传播的参与者。过去传统媒体自上而下的灌输和宣传腔调早已过时，全民参与的时代氛围也让主流媒体纷纷开始注重话语的"亲民性"。

对此，党中央从提升国家软实力和构建国际话语权角度也提出了"讲好中国故事，传播好中国声音"的要求，强调注重国际传播的方式方法以提升传播实效。例如，近几年"复兴路上工作室"所推出的相关系列的中国故事短片，不仅采用了更为时髦的说唱形式，汇聚了漫威、快闪、卡通等多种风格，在外国网民中好评如潮，并在 YouTube、Facebook、Twitter 等海外社交媒体上被大量转发。

二、融媒体语境下中国主流媒体的国际传播策略

中共中央于2009年下发的《关于印发〈2009—2020年我国重点媒体国际传播力建设总体规划〉的通知》，标志着国家着手从顶层设计层面规划国际传播能力建设。十多年来，各重点媒体纷纷以硬件设施建设为突破口，不断优化海外传播平台的人员、技术配置，完善采编播报网络，拓展对外传播渠道，在短短几年的时间里，重点媒体海外传播平台实现了跨越式发展。

（一）打造品牌形象

近年来，中央政府力求在战略层面加强管理，注重主流媒体的品牌形象建设。2018年3月，中央决定撤销中央电视台、中央人民广播电台、中国国际广播电台建制，组建中央广播电视总台，对外统一呼号为"中国之声"，这是我国对外传播能力建设或国家传播资源整合的一个全新举措，进一步增强了广播电视媒体的整体实力和竞争力，使它们在向世界发出中国声音方面发挥了更为重要的作用。

2016年12月31日，着力于建设外宣旗舰媒体的中国国际电视台正式开播，其以重大主题报道为牵引，以融媒中心启用为契机，升级报道手段，开拓报道选题，丰富节目形态，用一系列创新突破让自身的国际影响力不断提升，使融合传播向着纵深方向发展，开启了国际化传播新时代。

为保证"一带一路"倡议和"命运共同体"理念的顺利实施，中国积极开展对外活动，旨在塑造出更为公平公正、更具包容性的传播秩序，为全球一体化贡献出自己的一分力量。面对这样的国际发展大环境，CGTN应运而生，秉持着"公平公正"的理念，为进行不同历史和文化语境下的信息传播添砖加瓦，构建多元化传播体系，从不同视角挖掘中国故事的独特性和智慧性，这就是所谓的"复调传播"，最终落脚点都是放在文明的交流互鉴上。

CGTN自诞生以来，就迅速成为中国第一家真正意义上的全球媒体平台，问世不到半年便跃升为Facebook上第一大媒体账号。截至目前，CGTN英语主账号总粉丝数约7 000万，其他各语种账号的粉丝总和超8800万。[①]2019年10月10日，融媒中心正式投入使用，成为CGTN开启国际化融合发展新征程的重要标志。

[①] 藏新恒，陆欣焱. 利用短视频做好对外传播——基于CGTN和RT优兔英文主账号的探讨[J]. 新闻知识，2019（2）：43-48.

融媒中心按照融合传播理念打造核心业务平台，秉承多形式采集、同平台共享、一体化生产、多渠道多终端分发的运行思路，实现资源最大化共享。

（二）提升采编能力

国际传播能力的评估标准之一，就是看媒体机构落地覆盖的实力如何。国内的主流媒体在落地建设方面的步伐从未停止。其中，以新华社和中国国际广播电台为例，新华社从20世纪80年代就开始了建设世界性通讯社的步伐，特别是随着互联网的发展，新华社不断发展多种媒体形态，加速发展新媒体业务，采取了一系列融合发展措施。

1. 新华社

新华社从1997年起开始互联网化发展，经过十几年的发展，新华网已经成为海内外网民浏览中国新闻信息的首选网站之一。新华网的各种新闻信息被国内外搜索引擎、政府网站、新闻网站大量转载，日均发稿量从最初的50条增加到1.2万余条，受众覆盖面从最初的几个国家和地区扩大到200多个国家和地区，日均点击量从最初的10多万次增加到近10亿次，[①]报道形式从最初的文字图片形式扩大到音视频、手机短信、彩信、手机报、无线网站、现场直播、网上访谈等形式，并且增加了论坛、博客等，增加与受众的互动。2000年，新华网改版，形成24小时实时发布新闻，将深度报道、背景资料、图片图表、新闻检索集于一体的综合性新闻网站，信息量增加了5倍以上，栏目总数较之前增加了15倍，[②]全球网站综合排名稳定在190位以内，被称为"中国最有影响力网站"。

新华社在网络和新媒体时代不断发展完善各种媒体形态，以多语种进行对外传播，新闻信息产品已经覆盖世界上200多个国家和地区，为提高我国的国际传播能力作出了重要贡献。

2. 中国国际广播电台

近年来，中国国际广播电台围绕中央提出的目标，抓改革、求创新、谋发展，积极推进全媒体发展，增加播出语种数量，不断扩大覆盖范围。如表2-4-2所示，中国国际广播电台的播出语种数量从2008年年底的36种增加到了2013年年底

[①] 经济参考报. 使命·探索·奋进——写在新华网十周年之际[EB/OL]. （2007-11-28）[2022-11-12]. http://www.jjckb.cn/gnyw/2007-11/28/content_75647.htm.
[②] 中国新闻网. 新华网全面改版[EB/OL]. （2000-07-12）[2022-11-12]. https://www.chinanews.com/2000-07-12/26/37354.html.

的 65 种，五年的时间增加将近一倍；境外整频率电台数量从 2008 年年底的 20 家增加到了 2013 年年底的 95 家；覆盖范围也从 2008 年年底的 60 多个国家和地区拓展到了 2013 年年底的 200 多个国家和地区；落地节目每天累计播出时数也翻了一倍多。

中国国际广播电台在世界范围内积极推进传播能力建设，也不断推进全媒体形态发展，着力突破传统手段、单一媒体的发展局限，积极拓展传播渠道，丰富媒体形态。而其中最为核心的就是"国际在线"网站，它经过长时间的发展和积淀，已经成为中国所含语种最多的网络平台空间。此外，"国际在线"通过开展对外合作，使转载其内容的境外网站不断增加。

由以上中国国际广播电台的发展举措可以看出，中国国际广播电台已经完成了多媒体业务布局工作，成功将报纸、电视、广播等传统媒体形式与新媒体进行了融合，将以往由无线广播占据主体地位的单一媒体形式，发展成为集音、视、网、报、刊于一体，传统媒体与新兴媒体融合发展的新型综合媒体，成为国内媒介形态最全的媒体集群。

（三）布局海外客户端

著名的网站公司市场调研机构 comscore 在 2017 年 9 月所发布的《2017 全球移动报告》中显示，在调查了 14 个国家市场的移动化趋势和用户行为后，使用移动设备的用户群体数量在不断增长，这也说明在未来移动端设备将取代传统媒体成为主要的信息接收平台。

通过研究发现，手机上主要的信息接收端就是客户端。据艾媒咨询的调查研究数据显示，截至 2017 年第四季度，中国手机新闻客户端用户规模达 6.36 亿人，[①]这个数字是非常庞大的。从新闻获取的角度来说，手机客户端不再受时间和空间的限制和约束，信息传播和获取最大限度上达到了即时性，这在以往以传统媒体为主的时代中是不可想象的。除此之外，融合了新媒体技术的新闻客户端还在原始信息传递的基础上，扩展了实时互动、视频直播等相关业务，受到人们的青睐，也因为这样逐渐成为新时代公众获取新闻资讯的主要渠道。由此，国内外各大新闻媒体争相开发移动终端软件和互动平台，希望以此来吸引更多的使用者和体验

---

① 艾媒咨询. 2017—2018 中国手机新闻客户端市场研究报告 [EB/OL]. （2018-03-22）[2022-11-08]. https://www.iimedia.cn/c400/60894.html.

者。以新华社、人民日报和中央广播电视总台为核心的中央三大媒体积极布局新媒体，不断通过技术、体制、管理、平台的创新，增强在国内的传播力和影响力，三大央媒也纷纷开设了外语新闻客户端，搭建起国际传播新矩阵。

2014年12月2日，央视推出中国首个英语新闻短视频客户端"CCTV NEWS"。该客户端由央视英语新闻频道在北京、北美和非洲三地的国际新闻制作团队24小时为用户提供有关中国的英语视频资讯和互动服务。在2016年9月，由中国国际广播电台推出的英语新闻客户端"China Plus"在各大应用商店正式上架，这也是传统媒体与新兴媒体融合的一个重要成果。

2017年10月，《人民日报》的英文客户端"People's Daily"正式上线，这是《人民日报》推动国际传播能力建设与媒体融合发展的积极尝试，也是宣传、报道党的十九大的重要举措之一。"People's Daily"客户端立足提供信息资讯服务，依托于《人民日报》国际部、对外部、驻外分社机构，以及《人民日报海外版》、《环球时报》中文版和英文版、人民网英文频道等组织和平台。

《人民日报》整合国际报道资源，借鉴中央厨房、《人民日报》客户端、《环球时报》英文客户端成功运营经验，聚合全球海量用户。

2018年1月，新华社英文客户端上线。近年来，新华社在智能化开发方面取得了极大成效，以新华云、AI主播、智能剪辑系统等为代表的新技术不断创新新闻的生产和传播方式。在新华社英文客户端建设方面，新华社积极应用新型网络技术对用户需求进行精准匹配，实现了个性化信息推送和服务。

（四）发挥社交媒体的作用

社交媒体在国际传播中具有不可忽视的强大传播力和影响力。依据高速便捷的网络传播工具，社交媒体可以跨越时间和空间的阻隔高效传播。社交媒体的传播渠道是使用者的线上社会关系人群，个人成为传播节点。由于这种社交的关系性，人们对相关人推荐信息的关注度自然会高，社交媒体由于人际传播的参与，其影响力自然会大。使用者群体可以根据他们的个性化需求制作和传播新闻，发布的内容主要集中在自己对日常生活的所见所感和对于一些信息的评论等，这些新闻的发布都是不经过专业机构审核和过滤的，因而我们在发布信息时要十分注意。

《中国移动互联网发展报告（2017）》显示，2016年，中国主要媒体借助移动互联网强化对外传播，其最突出的两个表现为：第一个是通过利用境内第三方平台、拓展海外第三方平台和自建渠道等方式拓宽对外传播渠道，特别是《人民日报》、新华社、中央电视台、《中国日报》四家主要媒体在脸谱网和推特上的账号的粉丝数和互动量相较 2013 年都有数百到数千倍的增长；第二个是各媒体利用移动互联网平台提供的丰富表达手段和渠道加强内容创新，围绕重大主题唤起人们的情感共鸣，针对热点讲明中国主张，推动文化交流互鉴。[1]

面对移动互联网带来的机遇与挑战，各媒体应强化用户思维，提升传播效果，优化创新机制，从形式、渠道等方面深入钻研如何讲好中国故事、传播好中国声音，不断研究海外用户的思维习惯和文化心理，提升在海外的传播力和影响力。

三、融媒体语境下的中国主流媒体在国际社交媒体平台的拓展与传播

就当代国际传播环境角度而言，社交媒体已成为许多国家对外传播、塑造国家形象的手段之一。在新媒体时代，国际传播在增加信息传播手段、突破信息传播屏障等方面都有了较大进步，也实现了信息传播的针对性。我国的国际传播影响力必将随着新媒体手段的广泛运用、传播内容的丰富、传播主题的多元而不断提高。

（一）《人民日报》的对外传播

随着中国综合国力的稳步增强，对外开放格局的不断扩大，参与国际事务的广度和深度不断拓展，中国越来越受到国际媒体和外国民众的关注。如何传递中国声音、讲好中国故事，让世界听到中国发出的声音并理解中国的想法，是中国媒体一直以来不断探究的问题。

如今，社交媒体纷纷开通了脸谱网、推特、优兔账号，不断输出内容，吸引了大量粉丝。人民网创办于 1997 年 1 月 1 日，是由《人民日报》主办的互联网络信息交流平台，同时也是国内最大规模的多语种新闻网站之一。《人民日报》经过多年发展，深耕全球化布局，目前已经成为中国传播信息的重要出口。目前，人民网已经在海外社交平台进行了深度布局，各个海外社交平台粉丝量总计超过千万。本书聚焦于 2019 年中华人民共和国成立 70 周年庆典，从人民网在 Twitter

---

[1] 中国社会科学网.《中国移动互联网发展报告（2017）》发布 [EB/OL].（2017-07-25）[2023-01-05]. http://ex.cssn.cn/ts/ts_scfj/201707/t20170725_3590429.shtml，/093-097.

和 Facebook 发布的内容、转推数、点赞数、评论数分析人民网在这两个平台上的对外传播情况。

1.《人民日报》在 Twitter 的传播情况

《人民日报》于 2011 年 5 月开通推特账号 @PDChina，开始在该平台发出中国声音。笔者通过检索 @PDChina 从 2019 年 9 月 1 日到 2019 年 11 月 30 日关于 "the 70th anniversary"（70 周年纪念）的推文，从发推文频率、推文形式、互动情况等方面分析了《人民日报》关于中华人民共和国成立 70 周年纪念活动推文的传播情况。

（1）发推文频率

《人民日报》在推特上关于 70 周年庆典活动的推文从 2019 年 9 月下半旬开始逐渐增多，在 2019 年 9 月 1 日至 2019 年 9 月 15 日之间共发布相关内容 8 条，2019 年 9 月 16 日至 2019 年 10 月 15 日发布相关推文 25 条，2019 年 10 月 16 日至 2019 年 11 月 15 日发布推文 6 条。

由此可见，《人民日报》在推特上对该话题进行了提前预热以及事后回顾。预热阶段的内容以 70 周年庆典的相关信息为主，如阅兵的场地、时间，阅兵仪式的参与者，纪念币等情况，向海外受众从多角度展示了 70 周年阅兵盛典的情况；事后回顾以习近平总书记的现场阅兵情况以及阅兵游行为主，有助于网友对 70 周年庆典的后续关注。

（2）推文形式

在推文文本的呈现方式上，《人民日报》改变了以往在纸质版上采用的长篇报道形式，将报道简化，提炼出核心内容，将单词数控制在百内，使受众一目了然，由此看来已经适应了推特平台网友轻松化、碎片化快速阅读的习惯。在全部 39 条推文中，29 条以图文形式进行展示，10 条以短视频形式推送，简要明了地说明了主题。图片也以《人民日报》拍摄的照片为主，除此之外，也有来自新华网的照片。在 10 条短视频中，7 条均来自《人民日报》的自身素材，视频左上方添加有 "People's daily" 的水印。

（3）互动情况

推特平台上的数据显示，此 39 条推文中，回复数最多的 1 条为阅兵游行的视频，转推数最多的 1 条为国人庆祝中华人民共和国成立 70 周年的视频，点赞数最多的亦为此条。由此可见，民间相关视频更易受到推特网友的喜欢，并容易产生互动。在权威话语体系下，适当融入平民化的、年轻人喜欢的语言形式和增加他们感兴趣的推文内容，对《人民日报》推广推特账号，使账号主体人格化有一定帮助。

2.《人民日报》在 Facebook 的传播情况

Facebook 是 2004 年开设于美国的社交服务平台，目前已经成为全球用户基数第一的网络社交平台。巨大的粉丝基数让《人民日报》对外传播取得了不俗的成果，《人民日报》脸谱网的账号更加注重传播内容的多元化，除了发布经济、时政、外交等新闻外，还发布社会、文化、体育等内容。因此，研究《人民日报》脸谱网账号，有助于我国改善其他海外平台上的媒体的运营情况。

（1）发帖频率

关于 70 周年国庆阅兵《人民日报》脸谱网账号共发了 18 条内容，其中有 8 条集中在 2019 年 10 月 1 日；前期于 2019 年 4 月 22 日、4 月 23 日、4 月 24 日，《人民日报》在脸谱网账号上连续三天发布图片为阅兵仪式预热；2019 年 9 月，《人民日报》脸谱网账号发了 3 条推文进行宣传；2019 年 10 月发送了阅兵仪式推文；2019 年年底《人民日报》脸谱网账号回顾了阅兵的流程。

（2）推文形式

在推文文本的呈现方式上，《人民日报》的脸谱网账号 @People's Daily 选择了用图片和视频的方式进行信息传递，这符合脸谱网网民的观看习惯。在 18 条推文中，10 条以图文形式进行展示、8 条以短视频形式推送，简要明了地说明了主题。图片以《人民日报》自己拍摄的照片为主，视频也基本都是《人民日报》自己拍摄的。

（3）互动情况

脸谱网平台上数据显示，《人民日报》的 18 条推文中，回复数最多的 1 条为 2019 年 10 月 1 日阅兵游行的视频，点赞数最多的 1 条为 2019 年 12 月 31 日回顾阅兵仪式的图片。由此可见，民众对 70 周年国庆大阅兵盛典还是印象很深的，阅兵相关的视频容易激发出群众高昂的情绪。由此看来，脸谱网上关于国庆阅兵的软新闻，更容易引起民众的兴趣，并且能潜移默化地加强国外民众对中国文化的认同感。

（二）国际版抖音的传播

1. 抖音的国际传播力

2020年4月，抖音及海外版TikTok（以下称国际版抖音）在全球App Store（苹果应用程序商店）和Google Play（安卓在线应用程序商店）吸金超过7 800万美元（约合5.6亿元人民币），较2019年4月增长了10倍，位列全球移动应用收入榜冠军[1]。根据2020年5月20日外媒报道：知情人士称，在最近的非公开股票交易中，国际版抖音母公司字节跳动的估值上升了至少1/3，达到了1 000亿美元。[2]

2017年8月，国际版抖音登陆日本市场，从此开启了抖音的国际化道路。在登陆日本市场3个月后，国际版抖音成为日本苹果应用商店免费下载排行榜第1名，足以表明其影响力。

2. 国际版抖音的特点

国际版抖音与国内版抖音具有同样的特征，这为国际版抖音的全球传播提供了保障，使得国际版抖音在短时间内风靡全球，赢得了爆发式的用户增长。

（1）高用户参与度

国际版与国内版相同的是，视频和音频的制作工具都十分丰富，使用起来也十分便捷，使用者可以轻松进行自主创作，将自己的个性化想法采用多种方式表现出来。因此，国际版抖音传播的内容更为多样，既有平凡生活中的点点滴滴，也有搞笑段子、才艺展示、影视片段等，极大地丰富了受众的观看体验。抖音为吸引不同年龄和职业的使用者，还可以通过不间断地举办一些比赛、设置一些极具趣味性和热点的话题供用户进行讨论，而使用者群体也深受鼓舞，积极参与到了短视频的创作中，依据抖音的特性不断向外传播，以扩大自身的影响力和感召力。

除此之外，国际版抖音所具备的互动属性也使得使用者可以在其他用户的讨论区积极发表自己的看法和见解。经过研究发现，国际版抖音的使用群体主要分为两大类：创作者和观看者。对于创作者而言，他们主要是进行短视频的创意创作工作，依靠粉丝数量和获赞数量来获得人气和热度，二者之间主要是通过点赞、

---

[1] 搜狐网. 全球最赚钱APP！抖音出海后又造了一个"抖音"[EB/OL]. （2020-05-26）[2022-11-13]. https://www.sohu.com/a/397872412_162818.
[2] 搜狐网. 外媒：字节跳动在非公开股票交易中估值已超过1000亿美元[EB/OL]. （2020-05-21）[2022-11-13]. https://www.sohu.com/a/396633726_211160.

评论、转发等来进行实时互动的。

（2）智能算法推荐

国际版抖音同样利用智能算法推荐用户可能感兴趣的视频。首先，国际版抖音的观看界面以及交互设置简单明了，受众打开国际版抖音后，国际版抖音会自动播放受众可能喜欢的短视频，随后观看者只需上下滑动即可观看其他视频，也因此他们能够快速进入观看状态。其次，在今日头条技术背景的支持下，手机端编辑视频简单易行。除此之外，为方便手机用户群体，抖音官方还推出一款剪辑软件——剪映，使得用户群体在手机上就可以随时随地进行短视频创作，国际版抖音也可下载使用，这就为大众提供了视频创作的机会与工具。再次，国际版抖音通过算法优势，了解受众的观看兴趣，以此增加类似视频的推送量。国际版抖音对通讯录好友的获取，也进一步加强了它的社交属性。最后，国际版抖音也为不同用户群体提供了个性化的创作空间。虽然明星效应是存在的，但使用者主要还是集中在少部分群体中，普通人也是需要被尊重和认可的，国际版抖音就为普通民众提供了更多可能，很多玩法和挑战都是由普通网友发起的，大量优质短视频也都是由普通网友创作而成的。

（3）明星效应显著

国际版抖音邀请当地明星入驻，这也是它吸引使用群体的一大手段。明星在一个国家和地区中的影响力是不容小觑的，他们有着庞大的粉丝群体和优异的内容生产能力。与国内相类似的是，国际版抖音的员工都身负"拉人"的使命。

明星的入驻为国际版抖音跨文化传播提供了保障，国际版抖音打破了各地区之间的文化沟通障碍，各地区的意见领袖吸粉能力及人气增加了国际版抖音活跃度。由此可见内容生产者对国际版抖音的重要性。

3. 国际版抖音存在的问题

需要引起注意的是，虽然国际版抖音在全球拥有一定的传播度，其短视频内容生产符合快节奏的全球化趋势，但其自身同样存在问题，需要引起足够重视。

人工智能使观众陷入信息茧房，而短视频的流行加重了不想进行深度阅读的观众的惰性，观众的注意力被稀释、碎片化。国际版抖音采用的人工智能手段，使观众更多地看到算法计算下可能更感兴趣的短视频，窄化了观众的信息获取通道，这种方式可以在一定程度上带动使用者的情绪，但是这样的短视频存在着极大争议，容易受到道德谴责。

　　短视频内容生产的快速化、操作的简单化，导致国际版抖音内容的同质化问题严重，这是目前国际版抖音平台内容生产方面的重要问题之一。国际版抖音的变装、模仿、对口型等视频虽然促进了其快速传播，但单一的模板化内容也容易引起观众的审美疲劳。

　　除此之外，国际版抖音的变现方式也是其目前急需解决的问题之一，虽说拥有了大量用户基础和人气，但国际版抖音的盈利方式尚未明朗，只有让国际版抖音成为一个各方共赢的平台，它才能长久发展。国际版抖音面临着当地政策风险，如果海外地区采取优惠政策扶持本土短视频软件的发展，国际版抖音的红利可能将不复存在，这也是国际版抖音需要考虑的问题之一。

　　总体来看，国际版抖音目前有着广阔的市场及发展前景，是建构国家形象的一个新渠道，短视频的形式也符合目前快节奏、碎片化的信息时代。国际版抖音通过高用户参与度、用户黏性等留住海外用户，为用户推荐可能喜欢的短视频产品，进一步通过明星效应稳固市场。但同时，国际版抖音存在着与国内版抖音相似的问题，并面临着当地政策、民情的挑战，需要引起足够重视。

第三章 中国国际传播力的特殊形式

在历史经验当中我们就可以发现，所有的外交活动都要紧跟不断变化的世界，只有这样，才能适应当今时代所面临的挑战与满足国家在新时代下的利益需要。本章主要论述中国国际传播力的特殊形式，从两个角度入手进行研究：中国公共外交、中国文化外交。

第一节 中国公共外交

随着大众传播时代的到来以及新媒体的迅猛发展，国外的公众在不同环境下，要想了解其他国家，主要就是通过媒体。因此，一个国家的国际传播能力在外交政策中占有越来越重要的位置，在这一背景下很多西方国家开始调整自己的外交政策，把重视话语影响的公共外交和文化外交推向前台。

一、公共外交与国际传播的互动

（一）公共外交起源与理论

"公共外交"一词起源于美国。1965 年，美国塔夫茨大学弗莱彻法律外交学院院长埃德蒙·格里恩（Edmund Gullion）第一次提出"公共外交"这个概念。

公共外交是相对于民间外交而言的，两者存在很大的不同。公共外交指的是一个国家的政府对其他国家的民众进行的外交活动，概括地说，就是把公众作为受众进行的外交形式；民间外交则是与公共外交相反，是以公众为主体的外交形式，具体来说，就是一个国家的民众与另一个国家民众之间进行的交流活动。从传统外交形式的角度来看，我们可以发现公共外交是一个间接的外交形式，通过一个"隐藏的说服者"来在很大程度上改变另一个国家的政治生态，促进有利于自己国家发展的政策的产生。由此，我们可以看出公共外交是传统外交形式的补充，在国家的外交战略中同样扮演着十分重要的角色。约瑟夫·奈认为，公共外交不仅可以完成特定时限的目标，同时还拥有惠及所有国际事务的潜力，因此是一个国家实现长远战略目标的重要手段。[①]

具体来说，公共外交主要包含以下两个方面的优势。

第一个方面，公共外交可以为国际互动提供信任。当前，公共外交被看作是一种培养信任与增进理解的有效外交形式，因此在这一过程中，公共外交在现代外交体系中的作用也在日益显现，通过公共外交可以向国外的民众展示出本国的正面形象，可以感化国外的民众，让本国的形象更具有亲和力。

第二个方面，公共外交的软性政策可以为后面的硬性政策铺路，在实践中我们可以发现，这种软性的外交政策可以带来利益的最大化。在全球化的时代，不会再出现想要获得经济利益就只能通过经济手段的现象，当前的全球化趋势已经不能让经济、文化、情感品牌等方面分离，而公共外交可以降低外交中的政治色彩，运用更加灵活的方式建立起一个有利的宏观经济结构。信息、文化等方面的交流已经让经济层面的领导人在私人感情方面建立起紧密的联系，这样不仅能够促进政府之间的交流，而且还能加强各个部门与民众之间的沟通，从而让商业部门获得更多新鲜的信息，让社会大众充满活力。

当前，很多国家都认同公共外交对传统外交的弥补作用。比如在美国，公共外交一直是外交政策中一个永恒不变的主题，美国的公共外交一直都担负着传播美国文化的责任，由此就可以看出公共外交是美国"国务院战略计划"中的一大支柱。随着时代的进步与发展，其他国家也开始逐渐依赖公共外交所营造出来的活跃国际对话氛围进步与发展。

世界中的很多国家都将公共外交政策当作本国外交战略中不可缺少的支柱与核心，尤其是对于世界上的一些小国家，公共外交更有重要的作用。具体来说，一些小国家在国际交往的过程中，它们发现如果自己没有足够的实力，就会在国际竞争中处于不利地位，所以只能将公共外交作为自己国家的基本对外战略来向国际社会展现自己。除此之外，还有很多国家把文化的外交方式作为自己国家在海外的形象评价标准。

---

① 唐小松. 中国公共外交的发展及其体系构建[J]. 现代国际关系，2006（2）：42-46.

（二）公共外交的定义和特点

1987年，美国官方给予了公共外交标准定义，具体来说就是：经政府发起，运用电台等信息传播的方式来了解与影响其他国家的舆论，从而减少与改变其他国家与民众对本国的错误看法，提升本国在其他国家与民众心中的影响力，从而促进其在其他国家开展利益活动。美国国务院编撰的《国际关系术语词典》中有，"公共外交是指由一国政府支持的，通过出版物、电影、文化交流、广播和电视等形式，影响他国的公众"的一种外交方式。[①] 通过观察我们可以发现，各个国家在公共外交上都有一个十分明显的共同点，那就是它们都将公共外交的主体定义为本国的政府，将公共外交的客体定义为外国的民众。

除此之外，还有学者认为，公共外交还包含对内赢得拥护与对外劝说他人的两个维度。因此，公共外交还是一种在谈判过程中影响本国民众与国外民众的方法，并且这个方法可以达到通过制造舆论向对手施压的作用。[②]

如果从广义的角度来看，全国政协外事委员会原主任赵启正认为，在跨国交流的两个主体中，只要有一方的主体是民众，这个外交方式就算是公共外交。[③]

但是不管是从哪个角度来看，不管是如何定义，公共外交的核心都是从公共外交的主体、客体与行为方式这几个方面来进行界定的。

对公共外交进行深入研究后我们发现，其主要包含以下四个方面的特点。第一个方面，公共外交与传统外交不同，其主要客体是他国公众。随着时代的进步与发展，民众可以通过更加便捷的网络通信技术来了解各国政府的信息与外交政策。与此同时，随着经济的发展，民众的综合素质水平也在不断提高，因此越来越多的民众与非政府组织希望参与到政治中，他们希望可以通过各种方式来影响国家的决策内容。所以，在进行公共外交时要充分了解本国民众，以此来改变他们的观念，进而影响本国政府外交政策的制定与完善。

第二个方面，在公共外交中，政府是主体，政府起主导作用。具体来说就是，在公共外交中主体就应该是这个国家的中央政府或者是委托的地方政府，由此也就可以看出，公共外交必须是由政府来发挥主导作用，所以通过民众与非政府组

[①] 高飞. 公共外交的界定、形成条件及其作用 [J]. 外交评论（外交学院学报），2005（03）：105-112.
[②] 同上.
[③] 金子将史，北野充. 公共外交舆论时代的外交战略 [M]. 《公共外交》翻译组，译. 北京：外语教学与研究出版社，2010：1.

织来进行的外交活动只能称之为民间外交活动。

第三个方面，我们发现公共外交的形式是多样的，主要包含政府公共外交、文化外交、媒体外交等方面，从本质这个角度来看，公共外交是一个双向的过程，不是单方面地向民众发送信息与灌输内容，而是进行双向的交流与沟通，通过了解与理解民众，从而来保证互动的有效性，让其他国家的民众能够真正地理解本国信息，传播真实准确的信息，从而提高其他国家对本国的好感度。

第四个方面，公共外交的主要目的就是提升自己国家的知名度与影响力，保持自己国家的良好形象，让其他国家对自己国家有良好的认同感。因此，在评价公共外交政策所产生的效果时，我们要充分考虑这四个方面的内容，只有这四个方面都有了明显的提高，才说明公共外交达到了应有的效果。除此之外，对这四个方面进行研究我们可以发现，这四者之间不是相互独立的，而是彼此相互促进的，知名度高的国家就会被很多国家关注与重视，因此就会有很多的民众与国家对其进行了解，了解得越深就越容易提升好感度，好感度提升，就越容易提升其他国家之间的认同感。

总而言之，公共外交就是在国家政府的指导下，针对其他国家民众进行的信息传播、政府公关与文化交流等活动，从而提升其他国家对本国的好感度，进而营造出适合本国发展的环境，实现本国外交政策的利益最大化。

（三）公共外交与国家国际传播力

在当今时代，其他国家民众了解其他国家的方式主要就是通过媒体的报道，因此公共外交的核心就是国际传播。一个国家的国际传播能力决定着这个国家的公共外交成果，由此也就可以了解到，如果没有传播，也就没有公共外交。

在当代的国际政治中，民众的态度在很大程度上都会受到媒体的影响，而媒体所营造的环境也被称作"拟态环境"。那么什么是拟态环境呢？早在20世纪20年代，美国学者沃尔特·李普曼（Walter Lippmann）就已提出，而这一概念提出的基础是，很多民众因为受时间、空间、政治等环境的限制，只能通过媒体来了解其他国家的状况与形象。因此，很多民众的想法不再是对客观环境的反应，而是对媒体所营造出来的"拟态环境"的反应。所以，国家的国际传播能力对这个国家的形象具有很强的影响力。

在传播学中，媒体只是为民众提供了一个有关国家的基础信息流，然后不同国家的受众会受不同国家特定的文化与价值背景的影响来进行选择、吸收与判断，国际社会中比较公认的集体表达就是国际舆论。所以，国际社会中的信息采集与信息传播能力会深刻影响民众对国家的态度。

回望传统的纸媒时代，当时受技术的限制，信息传播速度有限，国际公众对某一事件要想形成统一的态度需要较长的时间，并且影响力是有限的。因此，在传统媒体时代，只有明确涉及外交的事件，媒体才会对公众的态度进行放大与传播，从而演变成国际政治博弈的力量。但是随着时代的进步与发展，网络媒体迅速发展，信息快速传播，任何一件小事都有可能对社会的发展造成巨大的影响，甚至成为内政、外交领域中博弈的力量，由此可知，当前快速发展的新媒体时代也在不断促进内政与外交之间的交叉融合。

当今时代的媒体就好比一个大广场，在这个广场中，人们通过对事件讨论来发声，人们的态度与讨论将会对外交环境、外交实施政策产生影响。现代媒体的参与将会使得外交工作的路线图从"两点一线"转化成"多点多维"，也就是两国之间的社会组织、企业、公众群体可以进行不同层次的互动，就像在广场一样。这样的方式不仅可以通过公众的参与，促进公共外交的进一步社会化，而且还可以促进外交工作内涵影响力的扩大与提升。但是我们从另一个角度来看就会发现，公众的态度与发声对于外交而言也是具有两面性的，因为民众在新闻广场上很容易受到不理性声音的误导，从而把舆论导向偏激的方向。

通过对国际社会进行观察我们还发现，公共外交与国家软实力密切相关。对公共外交进行了解后我们就会发现，公共外交就是通过国家的软实力来说服其他国家去做自己不愿意做的事。由此可知，一个国家要是拥有超强的国际传播能力、先进的手段、较高的美誉，就会让自己国家的理念与价值观广为流传，从而影响人们的态度与想法。

除此之外，当今时代中以互联网为代表的媒体已经开始拥有超强的信息扩散能力与多项互动能力，因此我们也可以将其看作是一种以意识形态为基础的国家政治博弈平台。互联网拥有很多传统媒体没有的优势，因此，在外交过程中也开始使用互联网这一新型媒体模式，甚至在外交界还出现了"微博外交"这个新名词。当前，有超过十位国家首脑在互联网上进行互动交流，由此可以看出，互联网等新型媒体已经逐渐成为各国进行公共外交的平台,也就是另一种形式的外交竞技场。

随着时代的进步与发展,新媒体在日常生活中的作用越来越明显,同时国际社会中的新闻传播对于公共外交的影响也越来越明显,甚至成为公共外交中一个不能缺少的重要环节。有相关学者认为,公共外交主要就是一国政府与国外民众的"合作"度以及国外民众的"接受"程度。如果想让国外民众接受本国想要表达的观念与内容,就需要运用媒体来影响社会舆论,来改变国外民众的错误认知,从而避免两国关系发生变故与倒退,提升本国在国际社会中的地位。

二、中国的公共外交概述

虽然公共外交是 20 世纪才出现的新的概念与外交词汇,但是公共外交的理念在很早之前就已经拥有。比如在春秋战国时期,诸侯国之间就开始懂得通过言论来对敌国制造舆论,蛊惑人心,从而营造出一个"战略突破点",但是当时的那种方式并不算是真正意义上的外交,而是一种带有外交意义的理念与方法。通过对我国外交进行观察我们发现,其实在中华人民共和国成立之后我国才有真正意义上的公共外交,并且在不同时期、不同阶段我国公共外交都会有不一样的侧重点、目标与方法。

(一)中国公共外交现状

从 20 世纪 90 年代开始,中国已经把公共外交的侧重点放到了国家形象塑造上,让外交成为促进经济发展的保障。

自 1949 年中华人民共和国成立以来,我国开展了多种形式的公共外交活动,以此塑造我国公共外交的形象,增强我国的国家吸引力,如与美国之间的"熊猫外交"活动、与日本之间的"兰花外交",还有今天孔子学院的建立,我们都可以明显感受到我国公共外交对于文化传播的重视程度。在 21 世纪初期,中国国务院文化部与新闻办公室与美国的主要城市进行联合,举办了一系列有关中美文化交流的活动,如"走进中国""中华文化美国行"等,运用展览、演出等形式向美国民众介绍中国的传统文化以及现代艺术。这些活动的开展让美国民众对中国产生了极大的兴趣。调查发现,当时参观展览的美国民众超过了 10 万人以上。① 自 2000 年以来，我国又逐渐在法国、俄国等国家开展"中国文化节"活动，从而让更多的外国民众了解中国的传统文化，进而加深对中国的了解与认识。

中国在公共外交的过程中重视对文化的传播，主要有两方面的原因：首先，我国的文化资源很丰富，具有较强的吸引力，可以激发外国民众了解中国的兴趣；其次，我国在文化交流方面的经验十分丰富，与此同时，我们还发现通过文化进行外交更加灵活，可以更好地与其他国家进行互动与交流。

（二）中国公共外交面临的挑战

虽然自中华人民共和国成立以来，我国对公共外交的理论探索与实践的时间较短，但是整体来看，还是拥有一定的成效。随着时代的进步，国际社会也在不断变化，我国的公共外交也在面临着很多的变化与挑战，如国外民众的思维方式与中国人的思维方式有较大的差异，因此中国在对外宣传方面就应该进行适度的调整与改进。

当前中国的综合国力有大幅度的提高，是世界上的第二大经济体，而且中国在政治、经济、安全等方面也都在向世界延伸与拓展，这些方面可以体现出中国国际地位的提高，与此同时，当前的中国也是各个国家制定外交政策与国际战略时需要考虑的国家，但是机遇中也存在着挑战，所以当前中国的公共外交也在面临着新的挑战。

1. 外部国际舆论环境的挑战

当前的国际舆论环境是在世界主流媒体的主导下构成的，是各国状况与国际事务的报道组合形成的舆论环境。世界大部分媒体对某个国家或事件有针对性地进行报道与评价时，就形成了对这个国家或事件的舆论环境。

对当前的国际舆论进行观察我们可以发现，我国媒体的声音在国际环境当中还是较弱的，因此现在的国际舆论环境并不利于中国国家形象的构建，同时也不利于中国外交工作的延伸与综合国力的发展。

随着中国经济的不断发展与进步，综合国力的提升，国际形势的不断变化，当前中国面临的国际舆论环境也发生了以下几点变化：首先，中国引起了世界的

---

① 央视网. 中华文化美国行 [EB/OL]. （2000-09-18）[2022-11-08]. http://www.cctv.com/zhuanti/zm/zjzg/zjzg27.html.

关注，很多机构与民众都想对中国有更加深刻的了解，因此，世界上的很多媒体都开始对中国进行报道；其次，中国的对外宣传能力也在不断提升，中国对自己的宣传效果逐渐显现，世界对中国的正面报道也在逐步提升与增加，世界中对中国的声音逐渐向好；最后，世界对中国的报道越来越多地使用与引用官方的信息，也就可以说明世界对中国的报道越来越客观。但是，我们还需要辩证地去看待，因为我们国家在意识形态与文化背景方面拥有较大的差异，所以在世界当中中国的声音还是较弱的，因此，总体来看中国在国际当中的舆论形势并未改变，中国面临的国际环境仍然存在巨大的挑战。

2. 互联网兴起带来的挑战

随着时代的发展，互联网已经成为人们生活中必不可少的工具，在互联网中人们可以匿名，在宽松的氛围中进行讨论，同时互联网的传播速度较快，社会影响力较大。随着互联网技术的不断发展和国民素质的提高，互联网不再是一个单纯为民众提供娱乐的平台，而是一个民众与政府进行良好沟通的重要渠道，一个国家对网民言论的重视程度以及对信息反馈的真实性都会对一个国家的形象造成影响。

换个角度来看，互联网还存在很多优势。首先，互联网拥有信息传播速度快的优势，因此互联网可以全方位地对政府的声音进行传递，可以全面地关注信息态势，可以了解政府对紧急事件处理的进展与状况。其次，互联网还拥有信息传播与信息聚集的特点，同时可以将信息进行整合，从而解决问题。但是我们需要注意的是，互联网拥有信息扩大的作用，因此也会把社会当中的公共事件曝光与扩大，对社会造成负面影响，甚至爆发社会危机。最后，在互联网中，人们的言论较为自由与宽松，国外的一些舆论对民众的影响也越来越大，因此处于互联网时代的中国政府也提出了新的要求与挑战，主要包含以下两点。

第一，政府需要加大对信息的管控力度。对信息论进行研究我们发现，危机信息一般都是在信息的主体与社会公众之间进行流动。但是在互联网时代，信息不再是在管道中进行流动，官方信息无法充斥整个信息渠道，相反会有很多小道消息对正确信息进行冲蚀，所以政府很难对信息进行把控。

第二，在互联网环境中，还要求政府要快速地回应信息。在日常生活中我们就可以发现，互联网中信息的发送、接收与扩散几乎是同步的，速度是相当快的。

因此，在互联网中如果某一条信息引起公众的关注就会很快地通过邮件、论坛等社交网络信息平台传播出去，所以，政府要在信息传播的过程中具有较快的反应速度，从而对信息进行回应。

3. 信息不对称导致形象受损

我们可以很容易地发现，不管是在现实生活中还是在互联网中，都存在信息不对称的情况。因为不同人有不同想法，或是从不同角度看都会对信息产生不同的理解，所以就会产生较大的差距，正是在这样的背景下，政府才需要及时与民众进行沟通与解释，否则民众就会猜测与怀疑，导致政府形象受损。

第二节 中国文化外交

一、文化外交概述

随着世界全球化的进程不断发展，文化外交的重要性逐渐显现出来，"天下之至柔，驰骋天下之至坚，无有入无间"[①]。文化外交主要凭借文化沟通、言语交流及意识形态输出等柔性模式，将国家间的软实力竞争推向国际舞台中央。中国综合国力的增强以及国际地位的上升，都要求中国要有意识地推动世界对中国的了解与认同，因此，文化外交的作用日益显现，并逐渐成为中国外交工作的重点。

（一）文化外交的起源与界定

通过上述分析我们了解到文化外交具有重要的作用，那么什么才是文化外交呢？了解文化外交首先需要了解文化，但是我们发现文化具有很强的复杂性与不确定性，同时，不同学科、不同领域的学者对文化也有不同的理解，关于文化的定义大概就有400多种，因此对文化进行深入的理解是很困难的。文化外交最初并非一个正式的概念，而是不同国家、城邦间约定俗成的一种交往手段。追溯文化外交的起源我们发现，美国前新闻署高级官员理查德·安特（Richard Anter）提出，至少在3 000年前文化外交就已经出现，这种外交手段是国王们的首选。

---

① 蓝进. 道德经导论 [M]. 青岛：中国海洋大学出版社，2016：127.

自青铜器时代开始，城邦间就已开启了文化外交，但是人们认为最经典的对文化的定义就是英国人类学家爱德华·泰勒（Edward Teller）在1871年提出的对文化的解释，在他看来，文化与文明都是包括知识、信仰、艺术、道德、法律、习俗和任何一名社会成员获得的能力和产生的习惯在内的复杂整体。除了泰勒，德国的卡尔·雅斯贝尔斯（Karl Jaspers）在《什么是教育》中又提出了新的解释，他认为，文化就是一种生活方式，它的支柱是一种精神上的训诫，主要包含的就是系统的知识。上述两种文化的定义显而易见，但是在文化外交中，美国芝加哥大学亚历山大·温特（(Aleksander Vinter）教授对文化的定义是："文化就是社会共有知识。社会共有知识是个体之间共同的和相互关联的知识，共有是指社会意义上的共有，共有可以是合作性质的，也可以是冲突性质的，互为敌人和互为朋友同样是文化事实。"[1]可见，这种在人类群体之间能够传承、交流的思想和意识形态便是文化，它涵盖了某个国家或区域之内的思维方式、风土人情、传统习俗、价值观念、生活方式、行为习惯等。

在认识文化的基础上，我们再来谈什么是文化外交。国内外学者对文化外交的定义尚未达成共识，众说纷纭。"文化"与"外交"这两个词语都是很难定义的概念，因此二者结合起来更是会增添出更多的不确定性。

认识文化外交，我们首先要了解文化外交的起源，从人类进入文明社会以来，人们开始通过生活交往、物质交换以及生活的迁移来进行扩散，并且在这个扩散当中，人们开始进行了文化外交。随着人类文明的进步、国家制度的完善，国家与国家之间开始展开文化外交。在我国最早的外交活动就是张骞出访西域，准备联合西域一起来对抗匈奴，同时在外交的过程中还促进了中国丝绸之路的产生与发展。

在近代，第一次世界大战之后，西方国家的文化对我国的文化生活产生了巨大的影响，产生这一现象主要有两个方面的原因：一方面就是西方国家已经认识到文化在外交中的重要性；另一方面就是当时国家之间的文化交流是民间自发的，急需有政府与国家来进行参与指导。在《牛津英语大词典》中，我们能够找到关于文化外交的最初定义：英国议会为致力于英语的海外教学推广与发展，创造出了一种新颖的国家间文化交流手段。总而言之，文化外交开始是一种非和平

---

[1] 潘一禾. 文化与国际关系 [M]. 杭州：浙江大学出版社，2005：14.

的交往方式，政府职能的扩大也极大地促进了文化外交的发展。我们必须明确文化在国家对外关系中的角色，如此才能促使文化外交在各国政府对外战略中的地位不断上升。

对文化外交进行研究我们可以发现，当前的文化外交主要包含以下两种类型。第一，从政治的角度来看，文化外交就是一种服务于国家整体外交战略的外交手段。比如美国学者宁柯维奇（Ninkovic）认为，文化外交"首先是在国际政治中运用文化影响的一种特殊政策工具"①。我国的李智教授也有相类似的观点，他认为"文化外交是以文化传播、交流与沟通为内容所展开的外交，是主权国家利用文化手段达到特定政治目的或对外战略意图的一种外交活动"②。除此之外，我国的学者孟晓驷也认为，文化外交是"围绕国家对外关系的工作格局与部署，为达到特定目的，以文化表现形式为载体或手段，在特定时期针对特定对象开展的国家间公关活动"③。

第二，从文化交流这个角度来看，文化外交可以促进各国之间的相互了解与交流。在国外，美国的卡明斯（Cummings）教授认为，文化外交就是各个国家的民众在信息、艺术等方面的交流，然而这个交流的主要目的就是加强各国之间的交流与了解。在国内，胡文涛教授认为，文化外交就是政府以非正式的方式来向其他国家的民众介绍自己国家状况的活动，从而让其他国家的民众能够更多地了解本国的文化，进而提升本国的形象。④除此之外，范勇鹏认为，文化外交就是国家政府在平等的基础上，以对等的方式，用真实的内容，对其他国家的人员进行持续的文化交流、思想传播与沟通，从而提升本国在国际当中的影响力，提升本国的文化软实力，进而为本国塑造出一个良好的形象。⑤

一般来说，文化外交的主体就是政府部门、教育机构等。但是随着全球化的不断发展，人们素质的不断提高，民间的文化外交活动日益频繁，由此，文化外交的主体不再是政府等主要机构，而是还有民间文化团体等非政府组织。但是，很多的民间文化外交自身就具有政府的背景，如那些由政府直接资助的民间团体，或由政府搭起舞台，民间自己唱戏的活动。

---

① 孟晓驷. 中国：文化外交显魅力 [N]. 人民日报，2005-11-11（7）.
② 李智. 试论文化外交 [J]. 外交学院学报，2003（1）：83-87.
③ 同①.
④ 胡文涛. 美国政府对华文化外交的试验（1938-1949）[J]. 广东外语外贸大学学报，2008（1）：74-77.
⑤ 范勇鹏. 论文化外交 [J]. 国际安全研究，2013，31（3）：21-38；155-156.

文化、信息的交流是世界各国建构良好国家形象、维护国家利益所必需的手段，同时还是处理全球相互依存消极面和积极面问题的一种工具，也是协调国际争端的有效途径。也就是说，文化外交的实质就是思想外交、观念外交，而它所宣扬的并不是一种纯粹的知识与技术，而是一种价值，并且唯有价值观才可以深入人们的心灵，唯有价值观转变，才会促进态度与行为模式的转变。因此，要想左右他国民众心态，影响他国政府的对外政策，最主要的就是要输送价值观。

研究者有时会把文化外交和公共外交相混淆，甚至有些国家在实践过程中，始终都没有对文化外交和公共外交加以区分。例如，英国就称公共外交为文化外交，长期以来，美国一直把文化外交放在公共外交范围之内。即使文化外交与公共外交政策都属于社会政治行为，具有一定的共性，并且在实践中会有交叉混合，但是公共外交和文化外交在概念上还是存在明显差异。公共外交主要指政府在国际关系领域内的行为，而文化外交则侧重于塑造或提升一个民族的形象及价值观。在一些学者看来，公共外交旨在向他国公众说明其政府政策，从而达到其短期目的，所以公共外交具有功利性等特点，政府占据统治地位，经常采取宣传手段，并发布必要的外交辞令；而文化外交更加重视以教育和文化交流的方式来增进各国之间的交流，促进各国之间的了解，从而实现长远目标与利益。国家进行文化外交，不仅期望达到短期且具体的效用，还期望在国际上产生长远而深层次的影响，因此，维持真实友好、充满善意的国家形象是文化外交开展的必要前提。但这种友好善意的外交并未摒弃国际关系中的竞争性，在合理的国际规则下开展友好竞争，是各国平等开展文化外交的基本准则。

（二）文化外交的方式、作用与特点

1. 文化外交的方式

文化外交有很多丰富的开展途径：第一，文化外交可以通过国家政府间的活动进行交流，具体来说，就是通过国际文化交流项目的订立、召集并出席各种国际文化会议，积极加入国际文化组织、促进文化人员相互访问等方式来进行；第二，文化外交可成为一国政府对国际公众进行的国际公共关系活动，文化外交关键在于通过改变国际舆论来间接地影响其他国家的行为，从而达到本国外交战略

的目的，然而要想影响国际舆论，就需要在国际传播媒介如报纸、广播、电视、电影和互联网上进行。

从文化外交丰富的外在表现来看，学者范勇鹏把文化外交划分为思想外交、文明外交以及文艺外交三个层面。其中，思想外交就是指人类认知世界的根本范式，也就是人与人、人与自然之间的关系，以及人和人、人和国家等之间关系的观点；文明外交包含了物质文明、精神文明和制度文明上的交流；文艺外交实际上就是竞争"美"的表现权，表现为文学交流、艺术。在这里，我们以"形而上者谓之道，形而下者谓之器"为区分标准进行交流等。[1] 由此，我们可以将文化外交分为两个层次：物质性文化外交和思想性文化外交。物质性文化外交更强调文化活动开展的形式和具体表征，是思想性文化外交的效用延伸。物质性文化外交的表现是多元的，能够具体展现出某一国或某区域特有的地理风貌、历史人文、艺术积淀等。而思想性文化外交主要强调人类精神思维为基础的意识形态交流，更加关注政府领导层、社会人群的价值取向和社会行为，涵盖了人类对自然界、人类社会、社会关系、科学知识等的基本看法。思想性文化外交能够直接影响甚至主导国与国之间的关系，是文化外交体系中的最高层次。一国思想性文化外交的内核与国家外交战略脱离不了关系，国家通过输出文化观念和文化产品，达到争夺国际话语权、主动权的目的。

文化外交具有领域广泛的特点，通常情况下，文化外交所针对的客体，不仅局限于国家、政府，同时还包括民间团体、个人乃至公众，这样才有利于各国培育国际舆论阵地和塑造良好的国际公众形象，也就是从这个方面上看，有些国家的文化外交与公众外交是直接相连的。的确，文化外交比政治外交、经济外交、军事外交更贴近公众外交，文化外交在很大程度上是公众外交的一部分，进而，随着文化交流在各国政府和国际公众交往中的比例不断增加，很大一部分公众外交也成为文化外交的一部分。

2. 文化外交的作用

文化外交作为国家的软性外交手段之一，具有不可忽视的重要作用。首先，文化外交有助于提高一个国家的国际地位与威望。一国在开展文化外交过程中，会将自身文化的优势与吸引力进行大力宣扬，旨在塑造良好国家形象和提升影响

---

[1] 范勇鹏. 论文化外交 [J]. 国际安全研究，2013，31（3）：21-38；155-156.

力，引发他国的追逐模仿，由此实现国际地位与威望的提升。中华人民共和国国家汉语国际推广领导小组办公室（以下简称国家汉办）通过在100多个国家建立孔子学院与孔子课堂，向世界推广汉语语言文化，增进了世界对中国的了解，提高了中国在国际中的地位和威望。

其次，文化外交有利于减少乃至消除各个国家间思想上的隔阂。近年来，随着中国综合实力的不断增强，国际上出现了一些对中国不利的声音。由于国际形势风云变幻，各个国家的综合实力此消彼长，这就导致国与国之间产生了隔阂。文化外交属于软性外交，需通过沟通、交流达到目的，方式更为温和，更易于被他国接受。文化外交以润物细无声的方式使他国"读懂本国文化"，消除国与国之间的隔阂。

最后，文化外交活动的开展，有利于国家间增加互信。国家作为国际关系的行为主体，互信是合作的基础与前提。鉴于各国的政治体系、文化内涵截然不同，充满互动性的文化外交活动可以在政府、非政府组织及人群等多个范围内展开。文化外交通过将外交理念、文化价值向外投射并积极反馈的方式，构建双边乃至多边的价值认同关系，增强彼此的信任。

3. 文化外交的特点

文化外交主要有四个方面的特点。第一，文化外交具有很强的隐秘性，具体来说是目的具有隐秘性，也就是说，国家或政府借用文化外交的名义来实现特定的战略目标，在近代西方的文化外交主要是借用传教的名义来实现的。

第二，文化外交具有思想性的特点，具体来说是体现在思想观念的改变上。换个角度来看，文化外交实际上是一场心理战斗，它不仅可以促进国家之间文化的交流，同时还能促进各个国家民众之间心灵上的沟通，进而让各个国家之间的关系可以获得提升与进步。

第三，文化外交具有长期性的特点，具体来说就是文化外交无法在短期内就达到预期的目标。20世纪20年代，美国的卡内基基金会负责人尼古拉·巴特勒（Nicholas Butler）认为，不同国家之间的接触与交往，有利于民众形成新的价值观与意识形态，从而改变人们的道德观念，促进人们用国际化的思维方式解决问题。

第四，文化外交还拥有依附性强的特点，具体来说就是文化外交不是一个独立的个体，而是需要依附于国家硬实力的软实力。因此，文化外交作为一种手段，会受到政治因素与文化因素的影响，与此同时，文化外交的对象也会受到政治、经济、文化等因素的影响。但是我们需要注意的是，文化外交的依附性并不是一成不变的，而是随着外交格局的变化不断变化的。如果一个国家的外交格局转变成以军事为核心时，那么文化外交就只是一个简单的手段，但是当文化外交占据主导地位时就会成为一个十分有力的手段。

（三）文化外交与国家国际传播力

文化外交具体来说，就是国家之间进行的文化交流与传播，而这个传播是在不同国家、不同民族、不同地区之间文化交流的基础上建立的，因而可以说，一国的国际文化传播力是文化外交的基础。在全球文化思想浪潮相互激荡的当代社会，拥有国际文化传播力优势的国家才能够牢牢把握时代的麦克风，更好地站在国际舞台上。

文化，其实就是通过语言文字，用内隐或外显的方式来传播某种精神或理念。在共同的历史环境与地理环境中，人们会形成"特殊成就"，而这个特殊成就就是人们在改造世界的过程中形成的经验，这个经验的核心内容就是人们的价值观念与思维方式。但是我们需要注意的是，"特殊成就"并不是每个国家都是一样的，而是具有国别性与民族性的，这也就为各国之间可以进行交流与传播提供了条件。从整体的角度来看，不管是哪个国家或民族的特殊成就都是人类文明的重要组成部分，因此其中也一定具有共性，而这种共性也为民族之间的传播提供了可能性。

除此之外，在特殊背景下产生的民族文化，具有特殊性也是必然的，这种个性决定了国际传播的必要性。人类在实践活动中创造了文化，生产力的发展进一步推动了文化的繁荣。随着科技水平的提升，创造文化或传播文化的过程不再受限于自然条件或地域因素，各类不同的文化实现了在不同的社会生态环境中"扎根落户"。文化承载着不同人群的智慧结晶，因人类实践的超越性而实现了自身传播的超越性。因此，总的来说，正是文化之间的共性与个性才促进了国际文化的传播。

换句话说，一个国家的文化传播能力最根本的就是文化方面的竞争。不同民族国家的文化在一定时期或一定范围内是相对稳定的，但是伴随着时代的进步与各种文化"睁眼看世界",我们可以在相互观照中,找出相对自身生存发展现实需求的不足以及对方的优缺点,因此,文化竞争是客观存在的现象,也是一种普遍的人类活动,它以文化交流为主要方式。国际文化交流是文化传播最重要的形式之一。文化传播会在无意中对人民大众的思维方式等方面产生影响,并且还会影响国际文化的传播,甚至支配着国际舆论。

国家文化外交的顺利与否与一国的国际威望休戚相关,从建构主义的角度来看,虽然国家物质基础是主导国际关系的重要因素,但各国之间看待对方国家所持有的看法也是至关重要的。在两国具备近似或相同的物质实力与社会制度等前提条件下,外界对两国的不同看法将会产生不同的国际威望。从国际上看,民族的文化一旦落后,就代表着综合国力在精神性方面的欠缺与不足,这种不足会扩大到国际威望方面;然而综合国力的薄弱,势必会导致国家陷入被动,受制于人。

基于这方面的因素,国家想要扩大自己对国际社会的影响力,建立国际威望,就需要从被动挨打中解放出来,而这就需要我们增强综合竞争力,放眼世界,评价并定位本国文化,采取积极传播措施,寻求和倾听信息。

国际文化传播自各国产生之日起就有,一直没有中断,并伴随着运输、通信等方面的逐渐发达,国际文化的传播频率也在不断提高。就跨文化传播而言,不同国家之间的文化交流、沟通和影响、研究与推动,都会加强各民族之间的相互理解与认识,在国与国之间形成认可、共识与互信的过程中会促进国际合作与配合,给世界人民传达和平的信息。在当今时代,国际文化传播的畅通程度已经成为国际关系正常与否、良性与否的主要尺度。

二、中国文化外交概述

在对外进行文化交流方面,中国拥有十分悠久的历史,如昭君出塞、玄奘求法、鉴真东渡等故事。中华人民共和国成立以来,党和国家始终对我国的传统文化资源保持高度的重视,在不断的实践过程中去探索运用文化进行外交的方式。总的来说,中国在进行文化外交的过程中,要坚持让中国的文化走出去。

(一)中国文化外交历程

中华人民共和国成立以来,我们经常与各国进行文化外交,改革开放后更是如此，文化外交活动明显增加，当前随着时代的进步与发展，我国的综合国力也在不断增强，国际地位也在逐步提高，因此与国外进行的文化交流活动也在逐渐增多，在这样的时代背景下，中国的外交策略也引起了其他国家的关注。在当今时代，我们要想维护好自己国家的利益，就要充分地利用好自己的资源优势，积极地进行文化外交。

1. 中国与其他社会主义国家的文化外交

在中华人民共和国刚成立的时期，很多行业都需要振兴与发展。那个时期的中国，国内外环境十分复杂与严峻，所以中国必然要与有相同意识形态的国家展开外交活动。

与其他社会主义国家开展外交活动，是那个时期的时代特征，而那个时期的文化外交主要就是向其他社会主义国家介绍本国的建设成就，从而与其他社会主义国家保持密切的联系，进而巩固自己的社会主义阵营。20世纪50年代初期，毛泽东对参加青年文工团出访演出的同志提出了三点要求，即宣传、友谊与学习。后来，周恩来又将其发展，形成了"三寻求"的出访方针，即寻求友谊、寻求和平、寻求知识。

当时的苏联是世界上最大的社会主义国家，所以我国与苏联开展外交活动，最主要的就是学习苏联建设社会主义的经验。在中华人民共和国成立不久，中苏就签订了《中苏友好同盟互助条约》（以下简称《条约》），也正是这个条约，让中国与苏联奠定了在军事上的同盟关系。《条约》中明确指出，应当积极发展与提高中苏两国在经济与文化等多方面的关系，也正是在这个基础上，中国开始与苏联开展多边文化外交活动。1956年年底，中国与苏联正式签订了有关文化方面的合作协议，同时还在这个协议的基础上，展开了高层次的文化交流活动。

除了与苏联开展友好合作关系之外，中国还和欧洲的其他国家展开了多个领域、多种方式的文化外交活动。中华人民共和国刚刚成立时期，就积极地与朝鲜、越南以及东欧的社会主义国家开展文化交流活动，如国家之间积极派遣文化代表团进行文化访问，以实现两国之间的文化交流，巩固两国之间关系。

2. 中国与其他发展中国家的文化外交

纵观整个世界，其他的发展中国家也有着与中国相似的境遇。当前，在世界当中中国是发展中国家的代表，因此中国与其他国家相比有着与发展中国家开展交流得天独厚的优势，而这些优势也让其他的发展中国家对中国拥有了很大的兴趣。从团结其他发展中国家这个角度出发，中华人民共和国在刚刚成立的时候就开始与其他发展中国家进行文化外交，但是这种文化外交从根本上说只是一种意识形态上的交往。因此，毛泽东与周恩来提出了新的文化交流原则即"讲学术、交朋友、细水长流"，这个原则的提出也为中国与其他国家进行文化交流提供了方向与指导思想。当时的中国急需国际上的支持，而与其他国家建立外交关系可以为中国的经济发展提供广阔的外部空间环境。在1955年的万隆会议之后，中国与其他国家开始展开文化外交。通过对万隆会议进行了解，我们可以发现当时周恩来同志在发言中提到："亚非国家不但需要在经济上开展合作，还要在文化上不断深入合作，这从宏观上有利于消除大多数发展中国家在经济和文化层面的严重落后。"[①] 从1963—1964年，周恩来又对非洲的10个国家进行访问，而这次访问也是中华人民共和国与非洲建立外交关系的"开山之旅"。

文化外交是中国与其他国家建立友好友谊关系的重要桥梁，这个方式也为扩大中国在世界的影响力奠定了坚实的基础，而且中国与其他发展中国家进行文化交流，是建立在平等基础上的。

从利益的角度来看，中国与其他发展中国家建立外交关系，最开始就是想在国际上获得这些国家的支持，这个优势在中国恢复联合国合法席位的事情上得到了很好的体现。从文化输出这个角度来看，中国不管是哪个时期进行的文化外交都是以文化输出为目的的，当前的中国不仅可以输出改革开放40多年的发展经验，而且还可以输出中华优秀传统文化与先进文化，具体来说，在国外开设与建立孔子学院，可以促进世界上的优秀学者学习中国文化，从而促进中国文化的传播与发展。从经济外交与文化外交这两个方面来看，中国的文化外交都是建立在经济外交的基础上的，而且文化外交可以促进中国与其他国家进行经济外交。2015年，国家发展和改革委员会、外交部、商务部联合发布了《推动共建丝绸之路经济带和21世纪海上丝绸之路的愿景与行动》，在促进中国与其他发展中国家发展的同时，还实现了我国的外交战略目标。

---

① 宋恩繁，黎家松. 中华人民共和国外交大事记：第1卷：1949年10月-1956年12月[M]. 北京：世界知识出版社，1997：341.

3. 中国与资本主义国家的文化外交

从1949年中华人民共和国成立到1954年，与中国建立外交关系的国家只有19个，并且还都是社会主义国家，那么我们怎样才能与资本主义国家建立和谐友好的外交关系呢？毛泽东在七届二中全会上讲道："关于帝国主义对我国的承认问题，不但现在不应急于去解决，而且就是在全国胜利以后的一个相当时期内也不必急于去解决。我们是愿意按照平等原则同一切国家建立外交关系的，但是从来敌视中国人民的帝国主义，绝不能很快以平等的态度对待我们，只要它们一天不改变敌视的态度，我们就一天不给帝国主义国家在中国的合法地位。"[1]

在进行实际的外交活动时，中国对资本主义国家进行了分类，西欧与北欧如芬兰、丹麦等小资本主义国家为一类；英国、荷兰这样的国家为一类；以美国为首的资本主义国家为一类。

下面我们以与法国建交的过程为例来了解中国是如何与资本主义国家建交的。

开始中国与法国并没有建立正式的外交关系，但是这并不影响两国之间的交往，从历史的角度来看，中国与法国有很多相似之处，它们都拥有悠久而灿烂的历史文化，所以两国进行文化交流是存在优势的，同时也可以促进两国之间的外交建设。1954年，中国作为联合国五大常任理事国之一参加日内瓦会议，在这个会议当中，最主要的就是解决朝鲜半岛与印度支那的和平问题。参加这次会议的国家除了包含中国在内的联合国五大常任理事国之外，还有十几个相关国家，当时中国代表团穿着统一的服装，以昂扬的精神参加会议，让很多国家与新闻媒体刮目相看。世界正是通过这次会议认识到了周恩来这位优秀的政治家与外交家，也正是这次的会议让法国重新认识了中国，也为中国与法国的建交扫除了所有障碍，两国开始有所接触，中国抓住此次机会开始与法国进行文化外交。中国与法国在建立正式外交关系之前，两国之间已经在经济贸易关系方面建立逐渐紧密的关系。

最近几年以来，中国与法国在政府层面的文化外交活动越来越频繁，主要是以举办文化年为主，两国人民也因为这些活动加深了对彼此的了解。在教育文化活动方面，中国与法国的大学建立了联系，两国之间互相派遣留学生进行交流访

---

[1] 毛泽东. 毛泽东选集：第4卷[M]. 2版. 北京：人民出版社，1991：1435.

问，在很大程度上促进了两国之间的交流与合作。2019年1月27日，中国国家主席习近平和法国总统马克龙互致贺电，庆祝中法两国建交55周年，这55年的历史不仅是中国对外建交的突破，而且还是中国与西方外交历史上的突破。

纵观中国整个外交历史，我们可以发现，中国很早就有文化外交，而且从这些历史当中我们可以发现，我们需要正确对待中国文化与外国文化之间的关系，一定要坚持独立自主的和平外交关系。中国是当今时代最大的发展中国家，所以要想促进中国经济、社会、文化等方面的繁荣发展，就一定要重视中国文化在国际当中的地位，以此促进国家经济的发展与社会的繁荣。经过长期的外交实践，我国已经树立起一个独立、独特的外交形象，很多国家都已经对中国有了深刻的了解，这样的外交环境对中国的发展产生了强大的推动力。自中华人民共和国成立以来，我国的文化外交战略一直都是吸取别国优秀文化，抵制别国腐朽文化，将这些优秀的文化与中国文化相融合，形成自己的文化优势，再对其进行宣传，并且一直将这种理念作为基本的指导思想。

（二）中国文化外交现状与挑战

自中华人民共和国成立以来，中国通过文化外交在外交方面取得了很大的成就，但是仍然具有很大的发展潜力。改革开放以来，中国的经济外交一直占据着重要的地位，而且在外交过程中，经济手段也是一种常用的外交手段，所以文化外交在中国的整体外交过程中始终没有发挥出很好的作用。从中国最近几年取得的外交成绩来看，文化外交逐渐被重视起来，在所有的外交手段中，文化外交的使用频率逐渐上升。而且从产生的效果来看，文化外交有很多积极作用，不仅可以缓和两国之间的关系，而且还可以促进两国人民之间的尊重与理解，进而推动中华文化的传播。虽然当前的文化外交取得了很多优秀的成绩，但是这些成绩与其他外交形式相比影响力还是较小。而且我们还发现，文化外交自身也存在着很多不足，急需我们去解决。随着时代的发展，世界各国对文化外交这种形式越来越重视，而且文化给世界带来的作用越来越大，有利于加强民族凝聚力，与此同时，在当今时代一个国家的文化外交实力已经成为判断一个国家综合实力是否强盛的重要指标。也正是在这样的时代背景下，文化外交成为当今时代国家在外交方面发展的重要战略内容，文化外交的发展，也同样会促进政治外交、经济外交等方面的发展，为促进国家的繁荣发挥积极的作用。

其实最一开始中国的文化外交并不是畅通无阻、顺利进行的，而是在1978年改革开放之后中国的综合国力逐渐增强，面对的挑战越来越多，中国才渐渐地认识到文化对于综合国力提升的重要性，开始积极主动地对外宣传中国传统文化，进行文化传播。

文化是一个国家的"隐形资产"，可以充分体现出一个国家的精神风貌。和平与发展是当今时代的主题，因此文化外交对于中国的进步与发展越来越重要。从中国在国际中的地位来看，我们可以发现，中国已经从最一开始想要通过外交来满足自身的生存与发展，到现在希望在国际舞台上得到国际大国的尊重与认可，形成了自己独立自主、和平发展的独特外交方式，当前中国的国际任务就是追求全世界的和谐稳定发展，让世界向着共同繁荣发展。随着中国综合国力的提升，中国的国家形象也在不断得到国际社会的认可，也正是在这样的背景下，中国需要通过文化外交来帮助其塑造国家形象。具体来说，文化外交可以向国际社会传播本国的价值观念以及本国的特色文化信息，从而吸引他国，使中国在国际社会中拥有良好的国家形象，从而获得国际社会的认可。

国家形象建立在国际社会的感知、评判之上，是一种多层面、全方位的评价组合，是受主客观影响的存在。学者王家福认为，国家形象是国家软权力的"最高层次"，是国家走向国际必然体现的国家质量和信誉；而法国学者亨利·巴柔（Henry Barlow）提出，国家形象是一种刻印在他国公众眼中的某国文化形象[1]。详细地说，一国形象主要表现在经济形象、政治形象、军事形象和文化形象等方面，其中文化形象所具有的特殊意义就更为凸显。文化，作为国家的一种"隐形资产"，对国家的发展起着举足轻重的作用，是国家精神与精神风貌的内涵，是一个国家的灵魂。

一国之所以能够形成具有自身特色的民族，基础便在于人民群体对所处社会拥有文化认同感，当认同感在国际社会实现扩大化，该国的国家形象便会向积极、良好的方向倾斜。文化具有渗透性，传播方式不受限制，这也使得文化外交具有潜移默化、不受时空限制的特点。与其他的外交方式相比，文化外交具备独特优势，国家能够通过"润物细无声"的方式对国际社会进行缓慢的、循序渐进的影

---

[1] 吴友富. 中国国家形象的塑造和传播[M]. 上海：复旦大学出版社，2009.

响，这种方式淡化了政府宣传的强势和直接，更易于被广大公众接受。文化外交这一概念进入中国公众视野的时间并不长，外交手段尚不成熟，仍有许多进步空间。在中国，"宣传"并不是一个贬义词，其表现出一种积极、正面的形象，譬如宣传报道某个先进人物，以彰显社会正能量。中国在进行文化外交活动时要注意"宣传"在国际语境中的不同含义，多采用潜移默化的方式进行"传播"，这样才能够使中国文化更好地走向世界，塑造出易于被国际社会接受的国家形象。

中国自改革开放以来迅猛发展，其成就已经有目共睹，但是在这其中，文化的发展速度大大滞后于经济、军事的发展。中国在经济、军事等领域的发展，已逐步缩小同西方国家之间的差距，但在文化方面发展缓慢，缺乏创新能力，而这正需要中国继续培养高精尖人才，增强国家自主创新能力，提升民族文化影响力与创造力。目前，我国政府对文化产业的发展给予强而有力的支持，从外交策略上看，中国已经把文化外交上升到与政治外交、经济外交并重的位置上。中国对外进行文化传播的过程中，设立于世界各国、传播中国文化的"孔子学院"，已经被多个国家接受承认。现在的孔子学院已经变成集教育、文化交流于一体的文化交流机构，从而为文化外交提供新的平台，当前孔子学院不仅以推广汉语为己任，同时还肩负着传播中华传统文化的重任。孔子学院自成立以来，发展速度不断加快，规模也在不断壮大，据国家汉办数据显示，截至 2020 年 8 月，全球已建立 541 所孔子学院和 1170 个孔子课堂，分布在 162 个国家（地区）[1]。孔子学院的诞生实现了我国在新形势下真正"走出去"开展文化外交的目标。当前，孔子学院已经成为传播中国传统文化、普及汉语的国际化重要平台，孔子学院在建立与开发的过程中，中国传统文化"以和为贵"的思想逐渐被世界各国人民接受与认同，而且孔子学院必将是塑造良好中国形象的有力工具。

目前对中国来说，尽管在自身发展过程中仍存在着一定的问题，但中国已经在国际社会当中塑造出一个有信心、有责任、务实的良好大国形象。在国际社会中进一步彰显了中国国家的良好形象，是中国现代化、中华民族伟大复兴进程中需要完成的一项重大任务。发展文化外交，有助于中国和世界进行沟通，有助于塑造中国国家的良好形象。中国与周边其他发展中国家一样，在经济腾飞后，应

---

[1] 光明网. 孔子学院：践行《世界文化多样性宣言》的东方典范 [EB/OL].（2020-10-27）[2022-11-18]. https://m.gmw.cn/2020-10/27/content_1301725594.htm.

该回归民族传统,从传统文化中寻找中国进一步发展的动力和支撑点。

三、文化外交——孔子学院

(一)孔子学院的发展概况

2004年,中国在韩国开办了第一所孔子学院,在这近20年的发展中,孔子学院吸引了很多学者对其进行研究。比如从语文教学的角度开展研究,从文化传播的角度开展研究,但是更多的还是从文化外交的角度对其进行研究。对孔子学院进行深刻的了解后我们就会发现,孔子学院在机构设置、人员配备、教学内容等方面都体现出了文化外交的各种核心要素,是一种新形式的文化外交模式。对孔子学院进行调查,我们发现截至2020年8月,全球162个国家(地区)共设立了541所孔子学院和1 170个孔子课堂。其中,亚洲39国(地区),孔子学院135所,孔子课堂115个;非洲46国,孔子学院61所,孔子课堂48个;欧洲43国(地区),孔子学院187所,孔子课堂346个;美洲27国,孔子学院138所,孔子课堂560个;大洋洲7国,孔子学院20所,孔子课堂101个[1]。孔子学院现有中外专兼职教职员工4.7万人,各类面授学员186万人,网络注册学员81万人,全年举办的各类文化活动的受众达1 300万人[2]。由此,我们可以看出当前世界正在流行汉语文化,为了适应这样的需求,2017年中国推出了网络孔子学院一站式服务,促进了孔子学院更加快速的进步与发展。

1.孔子学院的机构设置和人员配备

孔子学院总部设在北京,其上级主管部门是国家汉办,组长是国务委员,并其下设有办公室。对孔子学院进行了解我们就可以发现,孔子学院总部为非营利性教育机构,采取的是中外合作办学方式。具体来说,合作的方式主要有中方大学与外方大学合作创办,如复旦大学与德国汉堡大学合作创办的孔子学院;还有中方的政府部门、企业与外方的政府、企业合作创办孔子学院,如教育部、汇丰银行与5家英国企业联合在伦敦创办的孔子学院。具体的运行过程就是,孔子学院的行政管理是由当地的承办方来完成的,师资方面则是由中国的承办高校来对

---

[1] 李巍,盛洁.孔子学院和法语联盟语言教学比较与启示[J].科教文汇(上旬刊),2021(28):187-189.
[2] 每日经济新闻.与会外宾点赞孔院:一座了解现代中国的桥梁 更是中国与世界交心的平台[EB/OL].(2018 12 04)[2022-11-19].https://baijiahao.baidu.com/s?id=161893/866212066772&wfr=spider&for=pc.

其推荐优秀教师。

总体而言，孔子学院总部属于中国政府部门主导下的非官方组织，所有孔子学院的行政人员及教学人员都来自非政府部门，这与文化外交主要由政府主导，集民间力量共同完成的特征是一致的。在这个过程中，"官方"与"民间"之间并不是完全对立的关系，而是相互补充、相互促进的关系。这种由民间组成的传播主体，十分符合当下全球化进程中市民社会对文化传播的需要。当然还有一些学者提出，孔子学院是传播的主体，它的一些传播行为总有些是有意或无意的，因此这其中就会出现传播不清晰的问题。这种文化外交主体意识的缺失，会导致孔子学院文化外交职能无法很好地发挥。与此同时，还存在孔子学院教师的经历不同，没有很好地把握外国人学习汉语和海外语言环境的特点，但这是教师培训方面的问题，不是在制度设计层面上存在的问题。

在以上的合作模式下，中方主要承担派遣教师和赠送教材的任务，外方则提供必要的教学场地、设备以及与之相关的培训服务，而该院的硬件设施及主要师资均依托本地合作方的原有条件。通过这些合作项目的开展，双方建立了良好的合作伙伴关系。中国用有限的投资，换取了孔子学院的爆发式增长，不只是区域范围的增加，同时还有注册学生数量的增加，师资力量日益丰富、交流活动规模日益扩大、教材配套更加齐全等。第十三届孔子学院大会发布的数据显示，截至2018年年底，孔子学院面授学员达186万，各类汉语考生达680万；举办各种文化活动约4万场，参加人数达1 300万人次[①]。而2019年，海地、中非、乍得、朝鲜、多米尼克、东帝汶、马尔代夫、沙特等8个国家首次设立孔子学院，较2018年，2019年共新增孔子学院27所、孔子课堂66个[②]。

2. 孔子学院的媒体形式

近年来，随着网络和新媒体技术的发展，孔子学院的形式得到进一步发展，更加注重与其他媒体形式的结合，出现了网络孔子学院、广播孔子学院、移动孔子学院等多种形式。

2006年5月，中央广播电视大学与美国密歇根州立大学合作成立了全球第一

[①] 孟妮. 孔子学院搭建中外友好交流平台[EB/OL]. （2018-12-07）[2022-11-19]. https://wap.cnki.net/touch/web/Newspaper/Article/GJSB201812070031.html.
[②] 赵晓霞. 2019年共新设27所孔子学院、66个孔子课堂[EB/OL]. （2019-12-13）[2022-11-20]. https://www.lipuedu.cn/yaowen/2019/1213/1392.html.

所网络孔子学院——"密歇根州立大学孔子学院"。该孔子学院采取先进信息技术进行汉语文化教学，并将相关网络学习资源、汉语文化学科知识推广到美国密歇根州及周边的20余个州中，为累计超过3万名美国学生提供了便捷的中华汉语文化教学服务，包括汉语普通话1A至4B级的在线学习课程、针对有汉语基础4~5年学习经验的AP Chinese课程及4个主题的文化产品等。2008年，中央广播电视大学的"易学汉语网络孔子学院"远程汉语网络教学系统正式上线，其运用现代科技手段为汉语学习者、中华文化爱好者创设了便捷的网络教学环境，提供了丰富的教学材料和高效的服务，是对面授汉语教学的"跨时间""跨空间"补充，也为其他语种教学提供了先进范式。

2017年开始，网络孔子学院通过慕课、微课等方式提供资源支持，始终坚持把教、学、培、考、认证的一站式服务作为网络孔子学院建设的目标。当前，课程包含很多种类，主要是汉语学习、国际汉语教师培训等，其中累计开设各类在线课程70多门2 000余节。截至2018年12月底，网络孔子学院总学习人数达1 023万，其中注册用户数82.3万，2018年总访问量达235万人次[①]。

2007年12月，国家汉办授权广播孔子学院在中国国际广播电台成立，中国国际广播电台汉语国际推广的新局面由此诞生。中国国际广播电台于2011年1月18日正式成立了中国国际广播电视网络台，该电视网络台致力于整合中国国际广播电台在海外地区的丰富资源，探索海外地区品牌建设，通过打造二级业务品牌的方式做大品牌效应，形成包括国际在线外文网、海外电台、外文报纸杂志，以及网络电视台、网络电台等多语种品牌媒体集群。至2012年，广播孔子学院依托中国国际广播电台多语种、多媒体优势，坚定秉持"用母语教汉语"的理念，以跨国媒体为模式搭建多种教学平台，其中包括无线广播教学平台、互联网电视教学平台、网络传播教学平台、多终端汉语教学平台、IPTV等多媒体教学平台等。广播孔子学院建有12所广播孔子课堂，分布在肯尼亚、孟加拉国、巴基斯坦、意大利等国家，吸引了超12 000名海外学生学习。广播孔子学院还开发了《每日汉语》《实景汉语》等多语种教材，深受海外学员喜爱。此外，广播孔子学院还推出了大型多媒体系列文化项目——《你好，中国》。自成立以来，广播孔子

---

① 对外汉语公开课．《2018年度孔子学院发展报告》，这些数据应该要知道[EB/OL]．（2019-05-28）[2022-11-20]．http://www.hanban.org/confuciousinstitutes/．

学院在教材开发、课堂建设以及项目推进等多方面取得重大进展，并得到了国际社会的关注和好评，它已经成为我国深入推进国际传播能力建设不可或缺的重要支点。

世界第一台"移动孔子学院学习平台"，即对外汉语教学与管理的移动互联网终端2010年9月在厦门大学研制成功，虽然只有7英寸，但功能齐全，能进行移动视频教学、互动交流。平台具有智能化、个性化的特点，突破了以往传统纸质教材的刻板局限，具有了跨空间、跨时间的优势，能够随时随地使用，教学内容丰富全面，使用方式便捷灵活。这款"移动孔子学院学习平台"还可以为平台使用者提供"六台一库"。该学习平台在全球互联网产业迅猛发展以及汉语言文化国际传播的双重背景下应运而生，它面向全球移动互联网用户，旨在提高全球网络汉语教学的便捷程度，从而促进中国对外文化交流，以及中国对海外的汉语文化教育。这个平台支持很多种类的教学，如移动视频教学、师生互动沟通教学等，能够为用户带来全方位的移动终端服务，拥有线上信息资源共享、教辅材料易得等优势。它的诞生，将为全世界孔子学院（课堂）和数万所华文学校的数百万学习者提供更好的教育支持。

如今，除了网络孔子学院外，长城汉语、国际汉语教材编写指南、中华经典资源库、快乐汉语、汉语文化体验园、Cool Panda（酷熊猫）、声典蛙等多个中文在线学习资料库，联合雨课堂、爱乐奇、荣宝斋教育等多个在线学习平台，依托现代先进科技手段创设便捷高效的网络教学环境，全方位拓展孔子学院对外汉语线上教学渠道，这是具有创新性的教学模式，同样也是对面授教学的重要补充，顺应了信息技术促进教育改革的历史潮流。

这些新的以媒体为依托的孔子学院不仅丰富了教学形式，形成线下与线上教学、广播及移动多媒体教学相结合的教学系统，也有力地扩展了孔子学院的覆盖范围，扩大了受众群体，增强了孔子学院在语言教学与国际传播方面的能力。

总而言之，孔子学院就是中国政府依托孔子学院总部来对国外开展海外语言教学，这是中国对外文化交流的一个新方式。而且，孔子学院可以让民间力量参与进来，这个项目也可以长期开展，从而逐步扩大中国对世界的影响，在没有政治化色彩的状态下叙述中国的优秀传统历史文化。

（二）孔子学院与国家形象建构

那么，孔子学院如何做到与国家形象相联结呢？要想了解孔子学院，我们需要了解一下孔子。孔子是中国古代著名的思想家、教育家与政治家，是儒家学派的创始人，而儒家思想对中国传统文化具有举足轻重的影响，是中国传统文化的代表，与此同时，孔子的思想在世界当中也发挥了十分重要的作用。由此看来，用孔子来命名的孔子学院不仅是在海外进行汉语教学的地方，更是中国传播优秀传统文化的重要场所。比如，孔子学院在进行汉语教学的同时也教学生包饺子、用筷子、练武术，让他们了解中国风俗习惯。孔子学院的独到之处在于，教师在教授汉语文化的同时，也向外国友人传播孔子的"以和为贵""重义轻利""和而不同"等思想。2006年9月，《华尔街日报》发表了《汉语推广热全球》，这篇文章对中国政府在国外推广汉语进行了深刻的分析，解读出其中的内涵，具体来说，就是中国通过孔子学院在海外传播汉语，可以让海外的民众直接深入地了解到中国的文化，可以有效地扩大中国的影响力。孔子学院采用具体生动的方式向海外民众传播汉语与中国传统文化，与此同时，孔子学院还全面系统地叙述中国的历史，进而改变世界对中国的标签化认识。

根据上述研究，中国的文化外交是为了塑造国家形象，那么如何才能塑造好国家形象呢？首先我们要先确定好塑造国家形象的路径，当前所确定的主要路径就是宣传中国的历史。对于一个国家来说，语言文化是历史的产物，在汉语的语言文化当中，海外民众可以通过学习汉语，接触到中国悠久的历史文化与脉络，然而能够接触到中国传统文化的主要原因就是文字所具有的叙述功能。对孔子学院进行观察我们发现，孔子学院可以通过汉语教学让外国公众了解到中国的历史、地理、文化等有关中国的知识，通过自然的方式表达中国的身份观念。汉语承载着中华数千年的优秀文化，是历史文明最重要的载体。要进行汉语国际化推广，就必然要将文化艺术（如中国的戏曲、书法等）置于重要位置。这些文化艺术可以体现中国的核心价值理念和规范体系，如书法艺术呈现平衡和谐之美，中国戏曲故事强调国家社会规范等，正是这些价值观念与规范体系才是中国身份形成的渊源。外国民众在学习汉语的过程中，除了能够了解汉语的语言文化，同时还能领悟到中国的历史积淀，从而对中国的身份观念产生认同，但是这种中国身份观念的认同教育并不是生硬直接的，而是自然的、潜在的。因此，通过教学进行的文化传播与传统意义上的文化传播是不同的。

近几年，中国开始拓展一些外交新途径。例如，2006 年推出的第一部有关国家形象的广告，其主题是"中国制造，世界合作"，2011 年我国又推出了《人物篇》与《角度篇》这两部国家形象广告片，再到 2017 年中国《人民日报》又推出了《中国进入新时代》国家形象广告片。从广告片推出的情况来看，中国国家形象广告片的内容在逐步发生变化，从开始的传播文化符号发展到介绍中国当代人物，再到现在的宣扬中华民族的家国情怀。但是关于这些国家形象宣传片，每个人对其评价都不一样，主要是因为广告片的时间较短，只能展示出一小部分内容，无法对人物、景象等方面的内容进行深刻的展示与叙述，因此会有人认为这不是一个好的国家形象宣传方式。孔子学院与其相比就会发现，孔子学院的文化传播方式可以很好地弥补广告片形式的不足，那是因为孔子学院的文化交流具有双向性，而且这种双向性是不受时间和空间限制的，也可以是面对面与全方位的。例如，在教学的过程中，孔子学院的学员与教师可以就某一文化现象或某一价值理念直接展开讨论，参加学习的外国公众是否理解与认同，教师可以第一时间得到反馈。与此同时，国家还会对教学的内容与方式进行评估。孔子学院的主办者可以通过这些已经反馈的信息来了解当前文化传播的效果，从而更好地掌握文化传播的技巧。换句话说，孔子学院进行的文化传播，就是各传播者之间自愿、平等地进行交流与对话。因此，通过教学进行的文化传播不只是通过意识形态进行的文化宣传。

孔子学院将教学的课堂当作文化传播的平台，这样的方式不仅不受媒体的影响与限制，而且我们还可以把这个当作中国媒体改变世界话语权的突破口。要想有效开展文化外交活动，就需要我们在国际地位中拥有强大的话语权，当前影响国际话语权的就是国家的综合实力，因此中国要想增强国际话语权就需要增强综合国力，大力发展大众媒体。从 1994 年开始，中国报协印刷工作委员开始对报纸印刷进行统计，统计结果显示，全国报纸印刷总量从 310 亿对开张增长到最高的 2011 年时的 1 678 亿对开张，从此中国迈入了报业大国行列[①]。2012 年后，中国的电子通信技术不断发展，新型媒体也开始快速崛起，同时进一步加强了媒体

---

① 豆丁网. 2019—2025 年中国报纸行业发展存在的问题及对策建议研究报告 [EB/OL]. （2019-05-28）[2022-11-09]. http://www.doc88.com/p-6039934835357.html.

之间进行融合的趋势，如现在出现了无人机采集、虚拟现实等技术。从2016年年底开始，随着中国国际电视台、《人民日报》英文客户端和新华社英文客户端的陆续推出，以及专职人员增加、机构逐渐并组，一个国际传播体系正在初步建成。在地方媒体中，浙报传媒集团股份有限公司、浙江华媒控股股份有限公司、华闻传媒投资集团股份有限公司等单位的数字业务（动漫、数字出版等）收入实现较大幅度增长，平均净资产收益率均超过10%[①]。虽然在中国内部，中国自身传媒渠道数量已有了较大增长，但在国际社会中，中国声音仍然不具备强大的影响力，还较为微弱。

《中国传媒智库》的调查显示，由于当前国际语言仍以英语为主导，中国中央级传统媒体与欧美主流媒体在以英语为主导的网络世界中，在整体传播力方面还是具有一定差距的，存在新闻传播力度不均衡以及新闻提及率不高等问题[②]。然而，出现这个状况的原因就是海外的民众不习惯通过中国外宣来了解中国新闻，而且很少在中国外宣平台上查询信息，就算有些海外民众想要了解中国的信息，但由于已养成习惯，他们往往选择到YouTube、Twitter、Facebook等著名海外社交平台进行查看。由此可见，未来中国仍需向着扩大"大国声音"的方向进发，中国外宣媒体在增强重要议题设置能力和提升国际话语权方面仍然有较大改进空间。

对于中国外交而言，孔子学院在与周边国家进行外交方面作出了很多贡献。比如在越南建立的孔子学院，就标志着中国与越南这两个国家之间关系的改善。越南孔子学院的建立是颇费周折的，追溯越南建立孔子学院的历史，可以发现孔子学院发展得顺利与否，往往同中国和周边国家关系的变化有紧密联系。举一个简单的例子，某些国家在签证发放事项上对中国人采取严格管理措施，这导致中国教师志愿者办理入境手续时出现"办理难""程序复杂"等状况。由于汉语教学不仅仅进行语言传播，还传播中国历史文化，部分国家的历史遗留问题也可能会对汉语推广产生一些阻力。

越南的第一所孔子学院是广西师范大学与越南河内大学联合建立的，这不仅是中国与越南双方共同努力的结果，而且也是孔子学院在越南成立的突破。该

---

① 卓宏勇. 中国报业改革发展40年[J]. 中国出版, 2018（23）：12-17.
② 张鑫, 程景. "量""致"兼顾——增强中国媒体海外网络传播力[J]. 今传媒, 2019, 27（12）：41-43.

孔子学院自成立以来，已经开展了10余项活动，包括中国文化周暨孔子学院日活动、"汉语桥"大学生中文比赛、越汉互译经验交流会、留学中国项目推介会、海外夏令营等。活动参与群体也迅速增多，从河大师生、越南北部高校师生，扩展到社会协会、社团，以及众多中文爱好者，仅2017年（2 000余人）参与人数就比2016年（800余人）翻了一番。丰富的交互活动受到了中越两国国家级新闻媒体的关注，并予以了大量报道，该孔子学院的影响力日趋扩大，这对我国在越南的国际交流工作和汉语推广工作具有正面促进作用[1]。

由此可知，在国家的硬实力没有改变的情况下，增强国家话语权是塑造国家形象的关键，而且还可以促进国家硬实力的发展。如果是在综合国力没有改变的情况下，我们可以通过重新制定规则来获得更大的话语权，如中国可以在大众媒体之外设置自由话语权的规则，从而维护国家形象，提升国际影响力。那么，当前的孔子学院就是一个理想的、可以制定中国规则的文化外交平台，其具有开放性、平等性和交互性的特征。作为语言机构，孔子学院还在其他国家的大学与中学中开设语言课程。因此，孔子学院的教师直接接触的就是外国民众，而且不管是文化的传播者还是文化的接受者，都是出于自愿与兴趣来参与活动，两者之间的关系是友好的，同时也是平等的，因此两者之间可以进行自由的交流与沟通；同时两者之间的关系还是开放的，可以进行相互的转换。

通过上文可知，这些课堂上的规则从本质上来看就是话语权的规则，而且还是理想化的规则。在这样的规则下，中国可以一直保持信息较大程度的新鲜度，因此可以直接聆听外国民众对中国文化与中国形象的认识与反馈。我们还发现，通过课堂进行的文化交流不仅不需要媒体，而且也不需要物质的支撑，因此文化传播是以一种潜移默化的形式进行的。除此之外，通过课堂交流还可以在传播文化的同时照顾好每一位同学的感受。而且，通过对比课堂传播文化的方式与媒体的方式我们就会发现，课堂的方式可以让海外民众更好地了解中国优秀的历史文化。

（三）孔子学院的未来推进方向

由上可知，孔子学院可以很好地体现中国文化外交的各个方面，以及文化外

---

[1] 吕芳. 越南孔子学院文化活动初探及传播策略分析——以越南河内大学孔子学院为例 [J]. 教育观察，2019，8（13）：22-24.

交的核心因素，同时确立的新的话语规则促进了中国形象的塑造。但是发展到今天，文化外交还没有将所有的作用发挥出来，其原因主要包含以下几点：第一，在办学过程中参与办学的社会力量并不多，因此办学经费主要还是依靠政府来承担；第二，学校建成的速度与学员的人数上升速度一直不成正比例关系；第三，教师的素质参差不齐。除了上述比较明显的问题之外，还有中国的外交战略与国家形象战略的构图不完善的问题。因此，要想进一步解决这一问题，就需要对至少以下四点内容进行改进。

首先，要深入推进中国文化外交，让文化外交与国家形象相契合。当前，孔子学院仍然主要是集中于文化符号的教学与传播，然而语言就是文化符号，身份就是文化的外延，因此，在学习语言的过程中一定会接触文化价值规范等有关身份的观念。孔子学院在讲授初级汉语的同时还包含部分京剧、武术、剪纸等中国传统文化兴趣课程，然而这些都缺乏身份讲解这一语言文化核心。

即使缺少国家形象战略的指导，在2004年，孔子学院依然运转起来，这是因为孔子学院的基本职能就是海外汉语教学，而且又是初创业，一切从最基本做起是应该的。但是，正如孔子学院总部总干事许琳在接受央视采访时指出的：文化与语言是交织在一起的，只有对文化感兴趣了，学习语言才有真正的动力；只有学会了语言，才能理解文化。人们对一国文化的理解往往是在学习该国语言的过程中，因此，孔子学院不仅是教授汉语语言的学校，更是向国际传播中华文明、中国文化的重要平台，孔子学院的文化外交职能日益凸显。但是迄今为止，孔子学院并未明确自身是中国文化外交的新型手段与新颖方式。国家汉办作为孔子学院的政府监管部门，其主要职能是对汉语国际推广的方针政策、发展规划进行拟定，支持世界各国、各级别、各类机构开展汉语教学，开发、推广国际汉语教材以及制定全球汉语教学的标准等。而孔子学院总部作为孔子学院的直接主管部门，其主要工作也是围绕着开展汉语教学、培养汉语教师、开展各项各类汉语考试与资格认证业务等进行的。由此可看出，无论是孔子学院的政府监管部门，还是孔子学院的直接主管部门，它们的主要职能均为汉语传播，并未与文化外交或是国家形象战略联系在一起。2011年，孔子学院总部总干事许琳女士在接受央视采访时曾表示，孔子学院的建立为中外文化交流搭建了平台，为中外政要的沟通与交流提供了渠道，她也并未直接认可孔子学院本身即为一种典型的文化外交手段。

在我国还没有能够形成包含从法律到政策、从目标到手段、从职能划分到机构设置等完整的国家形象战略。因此，孔子学院无法准确界定自身在外交中的地位与作用、在国家形象塑造上的责任使命，无法确定哪些中国传统的价值观和社会规范可以成为当今塑造中国国家形象的要素，更无法有意识地向他国公众建构中国国家形象。

其次，孔子学院需要在法律政策的支持下，推进对现实事件的解读。关于一个国家的身份和形象，历史是重要的观念渊源。但是观念是在不断变化中的，考察一个国家是否继承了过去的观念或者是否产生了新的观念，仅仅依靠历史叙述是不够的，还必须加上对现实行为的解读。如果说历史叙述回答了"我是谁"的问题，那么对现实行为的解读则确认了"我是谁"的问题。通过历史叙述，中国可以向世界展示"以和为贵"的传统价值观念，但是如何证明当今中国"和谐世界"理念的真实性呢？这就依赖于对现实行为的解读。

孔子学院通过教授汉语和传播传统文化，履行了部分历史叙述的职能，但是面对各类现实事件则缺少相应的解读。

再次，要推进对孔子学院外派教师的文化外交理论和实践的培训。对于某一观念，本国和他国公众在情感上共鸣度越高，国家形象建构就越顺利。因此，文化外交在选择传播的信息时，要注意考察信息的核心观念能否得到他国公众的认同。不同国家地区的孔子学院虽然使用同样的汉语教材，但在介绍中国文化的切入点上应当根据所在地公众的传统文化、价值规范、风俗习惯作出不同的设置。观念的传播不仅依靠文本叙述，同时还可以借助行为方式进行传播，因此，文化外交在传播信息时要注重行为方式的选择。孔子学院教师的言谈举止、教学方式都与教学效果密切相关。

最后，要进一步发展多种形式的孔子学院。网络孔子学院、广播孔子学院及移动孔子学院在汉语教学及国际传播中具有许多方面的优势，这些形式的孔子学院适应了网络及新媒体的大环境，可以预计未来将会有越来越多的受众，因此其在国际传播和文化外交中的作用也是不容小觑的。而在不同网络平台上扩展孔子学院的传播影响力，增进他国受众对孔子学院的了解和兴趣，也格外重要。

第四章 中国当代价值观的国际传播

本章主要探究中国当代价值观的国际传播，分别从中国当代价值观建设及其国际传播的兴起、中国价值观国际传播的对外话语建构、中国价值观国际传播的媒体平台构建三个方面入手进行研究。

第一节 中国当代价值观建设及其国际传播的兴起

一、群体价值观与核心价值观概述

（一）群体价值观及其形成

群体价值观指的是，特定的群体在一定的文化传统与社会生活的影响和制约下，基于群体生存与发展的需要而形成的对事物价值的根本看法。群体价值观是相对于个体价值观而言的，它是一种集合体的价值观。在现实生活中，每个个体都有自身特有的实践方式和利益观念。但是在群体范围内，多元的利益需要得到一定程度的整合才能维持社会发展所需要的秩序和稳定，多样的价值观也需要形成对群体的认同，才能形成社会发展所需要的合力与凝聚力。根据群体的范围大小，可以将其分为人类价值观、国家价值观、民族价值观、社会价值观、组织价值观、政党价值观等。

群体价值观不等于集体主义价值观，个体价值观也不等于个人主义价值观。集体主义价值观和个人主义价值观是两种不同的群体价值观，但都是围绕个体与集体关系问题而形成的价值观。集体主义价值观强调，在群体中个人要以集体为本位，个人只有在集体中才能实现自身的生存与发展。个人主义价值观明确，在群体中，个人是群体存在的本体，是群体存在的目标，群体是保障个人存在与发展的手段。

在群体价值观的形成过程中,群体需要与社会实践是基本前提。群体的需要是由群体共同面对的社会环境和历史条件决定的。例如,在以农耕为主的生产方式和以海洋渔业为主的生产方式下,人们的生活生产需要构成了人们对事物价值的不同看法,从而形成不同的价值观基础。马克思、恩格斯在分析东方社会文明时,注意到水利设施在农业社会中是至关重要的基础设施,而治水的群体需要促成了相应行政机构的发展,促成了中央集权政府的建立,这是东方专制主义社会价值观形成的基础。另有学者从历史唯物主义的角度分析,古希腊耕地贫乏、交通不便、气候干燥的地理环境促使希腊城邦发展海上贸易和海外殖民,这为雅典城邦民主制提供了物质基础。在具体的社会生活中,工人、农民、知识分子等不同的职业满足的是全社会的不同物质需要和精神需求,不同职业的生产方式也各有不同。但是,国家和社会从来都不是抽象的,而是由具体的社会形态和社会制度构成的。在具体的国家和社会中,群体与社会是互构的,群体的实践构成社会制度,社会制度又塑造和规范着群体实践。在这种互构中,群体价值观的形成就具备了可能性。

在群体价值观的形成过程中,集体意识是至关重要的基础。集体的价值意识之所以能够成为整个社会成员共同的价值观,其内在包含着利益整合基础上的价值认同。如何实现情感与价值观上的认同,这是群体价值观的核心问题。在社会生活中,每个个体的利益千差万别,因此利益的整合是价值认同的物质基础。"人的本质并不是单个人所固有的抽象物。在其现实性上,它是一切社会关系的总和。"[①] 利益的整合发生在人与人的交往活动中。人们在日常的物质交往与精神交往中,认识到分工合作的必要性,意识到彼此的利益攸关之处,在此基础上,集体意识也就逐渐形成了。随着人们交往水平的不断提升,群体价值观也逐渐扩展为国家价值观和人类价值观。

(二)核心价值观及其形成

在群体价值观中,有的价值观居于核心和主导地位,它反映了具有广泛社会共识、能够长期维持社会关系的价值观,它是全体社会成员进行行为选择和价值

---

① [德]马克思,恩格斯. 马克思恩格斯选集:第1卷[M]. 中共中央马克思恩格斯列宁斯大林著作编译局,译. 北京:人民出版社,1995:60.

判断的核心理念,我们一般称之为核心价值观。核心价值观与群体价值观的区别在于,核心价值观是一个社会高度自觉的价值反映,它的确立需要依靠统治阶级的力量。从这个意义上讲,一个社会的核心价值观是该社会政治意识形态的集中体现。任何社会的核心价值观反映的都是该社会的本质特征和核心利益。其中,所有制形式集中体现了人与人在物质生产实践过程中形成的社会关系和利益关系,因此核心价值观最集中地反映了所有制形式及其相应的制度体系。当然,价值观作为一种社会意识具有相对独立性,在所有制形式上完全对立的两个社会,依然能够在核心价值观层面寻找到统一、和谐的一面。

主流意识形态是统治阶级的意志体现,它为全社会成员提供了统一的价值目标和行动指南,明确了现行制度体系与社会发展目标的合理性与合法性,使每个社会成员明确自身的价值取向和社会行为。核心价值观是主流意识形态的集中体现。那么,意识形态中除了核心价值观,还包含什么呢?一般来说,意识形态包含三个部分:关于社会的事实说明、关于社会的价值与信仰、关于社会发展的策略方案。其中,核心价值观就属于社会的价值与信仰部分,而这一部分往往是基于社会的事实说明的。每个社会对于自身的制度体制都有自身的理论诠释,相应的制度选择对应相应的价值选择,从而作出策略选择。

统治阶级对于社会的事实说明则有虚假和真实之分,因而价值观也就有了抽象和具体之分。虚假的"社会事实"说明,总是需要一个抽象的价值观来掩盖其虚假性。在私有制条件下,统治阶级为了实现自身的私人利益,它必须要用抽象的价值观来完成名义上的利益整合,才能实现剥削的事实。因此,私有制社会的价值观认同是一种建立在欺骗民众基础上的虚假共识。在社会主义公有制条件下,意识形态围绕如何实现无产阶级的根本利益这一问题进行事实说明、指导价值选择、制定政策战略,它以科学的方式将人民群众的价值选择与社会的价值目标统一起来。

(三)核心价值观的特征与功能

核心价值观居于价值观体系的核心地位,具有其他价值观所不具有的特征与功能。

1. 核心价值观的特征

第一,核心价值观具有统摄性。核心价值观的核心地位决定了它具有统摄性,它集中反映了社会发展需求与时代发展特征，对其他价值观起着整合与协调的作用。

第二，核心价值观具有理想性。核心价值观反映的是特定阶级的长远需求，因此它包含着远大理想。与此同时，核心价值观把远大理想与现实的实践任务紧密结合在一起，为人们的实践提供了巨大的精神动力。

第三，核心价值观具有社会共识性。核心价值观的核心地位还体现在它反映了某个社会中最广大人民群众的根本利益，符合最广大人民群众的实践目标，因此能够被绝大多数的社会成员所认同。

第四，核心价值观具有国家主导性。核心价值观不同于社会价值观。马克思主义认为，国家没有消亡之前，国家依然是社会管理和治理的重要力量，仍然是整合社会利益、协调社会关系、规范社会意识的政治工具。因此，核心价值观是统治阶级通过国家来主导的价值观。

2. 核心价值观的功能

第一，核心价值观具有导向功能。核心价值观反映的是一个社会的本质要求，它明确了成员应该提倡什么样的价值观，应该反对什么样的价值观，它在社会的精神生活中发挥着导航和定向的作用。一个社会中必然存在多样的价值观，全球化时代加剧了价值观的多样性。人类社会的发展提倡文化与价值观的多元化，但是多元之中仍需要主流，这是源于实践的需要。在社会实践之外，文化和价值观的多样性无碍社会发展，能够满足人们的精神需要。但是，在具体的社会生活中，人们必须按照实际的需要和实际的状况从事生产实践，因此坚持什么样的价值标准、遵循什么样的价值追求就变得至关重要。

第二，核心价值观具有动力功能。核心价值观高度集中反映了全社会的共同需要和共同愿望，与此同时，核心价值观为全社会的共同需要和共同愿望提供了精神动力。马克斯·韦伯（Max Weber）在《新教伦理与资本主义精神》一书中指出，仅仅用经济动机和物质利益等要素不足以说明资本主义的发展，新教伦理在本质上是立足此岸、面向彼岸的合理价值观，比起天主教伦理，它给了资本主义经济活动以伦理支持，由此成为资本主义经济发展的重要动力。

第三，核心价值观具有规范功能。一个社会需要有效运行，必然需要建立相应的秩序和制度。制度、体制的建立和建设过程中，存在着价值选择的问题，这就意味着制度和体制的建设需要价值观的指导。与此同时,制度和体制的建设又是核心价值观不断系统化、具体化、日常化的过程。核心价值观贯穿在各项社会制度和体制当中,整合和动员了全社会力量在规范有序的环境中不断实现社会价值目标。

二、当代中国价值观的性质

第一,当代中国价值观是社会主义性质的价值观。当代中国价值观的社会主义性质,使其与西方价值观明显区分开来。一般说来,西方价值观即欧美发达国家的价值观,属于资本主义性质的价值观。"社会主义"性质内在地规定了当代中国价值观的人民性,"社会主义是一个人民当家做主的社会,那么它的主导价值观就必须以人民为主体,以人民的利益为标准"[①]。资本主义价值观反映的是资产阶级私有制阶级利益的价值目标,与此同时,资本主义价值观为了维护统治,又以"普世价值观"冒充所谓的"人民的选择",用抽象的个人主义民主和自由整合社会的多元价值。与之相反的是,当代中国价值观首先在价值取向上明确了"发展为了人民,发展依靠人民,发展成果由人民共享",这是社会主义超越资本主义的根本特征。

第二,当代中国价值观是反映全国各族人民共识的"最大公约数"。当代中国价值观是全国各族人民关于生存和发展的合理需求。凝聚共识需要用当代中国价值观统领中国的意识形态,在思想观念上明确全国各族人民的共同利益是什么、共同道路怎么走、共同意识如何捍卫等重大问题,以全体民众的文化自信和价值观自信为中国特色社会主义发展提供持续精神动力。

第三,当代中国价值观是增强中国人民精神力量的价值观。当代中国价值观的一个重要任务就是重建当代中国人的精神世界。毛泽东在《人的正确思想是从哪里来的》中提出,物质可以变成精神,精神可以变成物质。辩证唯物主义强调,意识对物质的反作用是中国精神凝聚中国力量的理论基础,因此我们要高度重视精神世界的建设问题。习近平总书记指出:"核心价值观,承载着一个民族、一个国家的精神追求,体现着一个社会评判是非曲直的价值标准。"[②] 任何国家和民族

---

① 赵元明. 论践行社会主义核心价值体系的价值维度 [J]. 马克思主义与现实, 2012(1): 167–170.
② 习近平. 习近平谈治国理政:第1卷 [M]. 北京:外文出版社有限责任公司, 2018: 168.

在发展的过程中都会居安思危地思考精神危机问题，资本主义发展过程中固有的矛盾会带来社会危机与精神危机，社会主义发展的过程中也存在着根本矛盾，因此社会危机和精神危机是难以避免的。在人类社会的有机运动中，价值观通过作用于经济领域、国家政治领域和意识形态领域三个领域深刻影响社会的发展，在这个意义上，价值观发挥着精神力量的作用。当代中国价值观是当代中国人民精神力量的保证，它凝聚了中华民族伟大的精神内涵，体现了中华民族伟大精神的主旋律，展现了中华民族伟大精神的气魄。

第四，当代中国价值观是广泛吸收人类文明成果的价值观。价值观是文化的核心，它本身要受到社会文化系统的影响。当代中国价值观虽然名为"当代"，但是它的当代性是在传统与现代辩证统一基础上构建起来的。习近平总书记指出："我们提出的社会主义核心价值观，把涉及国家、社会、公民的价值要求融为一体，既体现了社会主义本质要求，继承了中华优秀传统文化，也吸收了世界文明有益成果，体现了时代精神。"[1] 马克思主义理论、中华优秀文化和西方近现代价值文化是当代中国价值文化的主要来源。马克思主义理论是当代中国价值观的指导思想，它指导着中国特色社会主义实践，从而指导着我们的价值选择和价值构建。中国传统优秀文化是当代中国价值观的民族根基，它支撑起了中国人民的思维方式、行为习惯与社会风俗，它的优秀成分是中华文明的精神支柱，也是今天中国特色社会主义文明的精神资源之一。西方近现代价值文化是当代中国价值观的时代借鉴，它在发展过程中的经验与教训为我们的价值观建设提供了很多参考，我们的态度是要超越西方价值观。我们坚持"不忘本来"的初心，学习和批判性地"吸收外来"，以此更加务实地"面向未来"。

第五，当代中国价值观是适当凝练并具有广泛传播性的价值观。当代中国价值观不是零碎、分散的价值观，它是由中国共产党领导和组织全社会力量凝练和总结出来的、具有系统性和概括性的价值观。党的十八大将社会主义核心价值观凝练成24个字，目的就是要使社会主义核心价值体系便于全社会成员掌握、认知和践行，便于社会价值观转变为个体价值观，便于转变为全体社会成员的日常行为。习近平总书记指出，一种价值观要真正发挥作用，必须融入社会生活，让

---

[1] 习近平. 青年要自觉践行社会主义核心价值观[N]. 人民日报，2014-05-05（2）.

人们在实践中感知它、领悟它①。24个字的社会主义核心价值观为它的广泛传播奠定了基础，实现了当代中国价值观在理论上的通俗化、在宣传上的具体化、在实践中的生活化，使之更容易被大众感知、认同并自觉践行。

三、基于现代性的当代中国价值观建设与国际传播

当代中国价值观不仅仅是社会主义性质的价值观，同时也是反映现代性的价值观。当代中国价值观的建设不仅仅是为应对国内现代化进程中出现的价值嬗变，同时也要应对西方社会的价值观冲击。尤其是在国际传播环境中，当代中国价值观面临着传播过程中的国际环境如何、传播对象的价值观是什么，以及如何应对西方国家对华传播等一系列问题。

（一）面向现代性的当代中国价值观建设

在发展中国家的现代化进程中，以理性化为特征的现代性引发了众多矛盾和冲突，表现为以人与自然关系对立为表征的自然生态问题、以人与人的社会关系冲突为表征的异化问题，以及以人与自身关系紧张为表征的价值关怀问题。从根本上来说，这是现代性与前现代性的文化建设和社会机制之间的冲突，它阻滞了当代发展中国家的现代化进程。

作为发展中国家的中国，它的现代性进程有着特殊性。中国在历史意义上的近现代与西方的近现代是有巨大区别的。中国的近现代史以1840年第一次鸦片战争作为起点，要比西方以16世纪作为近现代起点要晚近400年。虽然，中西方关于近现代化的划分时间差距较大，但是划分的依据是比较一致的。1840年第一次鸦片战争以后，中国的社会性质发生了巨大的变化，它与标志古代的封建社会发生了断裂。中国虽然在现代性进程发生起点上受到了西方现代性的巨大影响，但它并没有真正开启中国现代化的进程。

当然，发展中国家的现代性并不一定要再走西方现代性的老路。1949年，中国社会在中国共产党领导的新民主主义社会建设起点上开启了真正意义上的现代化进程。当代中国人民对美好生活的向往与现代性的价值取向是基本一致的，他们崇尚科学的力量，追求社会生活的进步，向往人的解放与全面发展。中国的现

---

① 习近平在中共中央政治局第十三次集体学习时强调 把培育和弘扬社会主义核心价值观作为凝魂聚气强基固本的基础工程[J]. 党建，2014（3）：4；6.

代性与西方现代性的区别在于，它是社会主义形态下的现代文明理念。当代中国不可能拒绝现代性的到来，因为现代性是实现中国梦的必经路径。同时，当代中国批判资本主义现代性，发展社会主义现代性，以"新现代性"实现人的发展与社会进步。

在当代中国的价值观建构中，除了以马克思主义的价值观超越抽象的现代性价值观以外，还有一项重要任务就是以现代性价值观唤醒和激活中国传统价值观的养分。中国传统价值观起源于前现代社会，它曾经服务于封建社会关系，代表着农业文明，但是这并不意味着它失去了现代意义。"前现代"与"现代"这两个概念不是截然对立的，我们说现代性，强调的是它在社会形式上与前现代的断裂，而社会内容上的连续性还是客观存在的。现代性通过生产方式与社会关系的变革，取得了新的社会进步方式，在更高的层面上解放了人身依附关系，但是生产力和文化上的延续性依然存在。当然，文化与价值观的延续并不是全盘的继承，而是要通过现代性对前现代文化祛魅和整合。实际上，现代性本身存在的工具理性逻辑也需要通过祛魅才能重新焕发价值理性。前现代的价值观和现代性的价值观都是用抽象的同一性逻辑来淹没人的主体性，因此它们都要接受祛魅的过程。前现代和现代的价值观都在祛魅中抛弃了自身神秘的同一性逻辑，开始重新关注人的尺度、人的个性，以此重新塑造价值上的共识。

（二）基于现代性的当代中国价值观国际传播

如果我们只是立足国内讨论当代中国价值观的构建和传播问题，那么社会转型是其重要的背景；我们若是站在国际传播的角度思考当代中国价值观问题，那么全球背景下的现代性才是更为主要的背景。

社会学家安东尼·吉登斯认为，大众印刷媒介和电子通信日益融合与发展是现代性的重要起源之一。但是，关于现代性和大众传媒之间的关系，吉登斯并没有深入阐发。传播学者格雷厄姆·默多克（Graham Murdoch）认为，经济和政体构建、知识文化构建以及日常生活构建[①]是标志现代性的三大建构，其中，经济和政体构建、知识文化构建与传播体系之间存在一种互动关系，推动着传播的现代发展。默多克的想法说明，传媒在现代性的发展中发挥了至关重要的作用，即

---

① 陈勇勤. 谈经济文化与行政文化的互动关系——揭示文化对经济与政治有效结合的中介作用 [J]. 理论与现代化，2005（6）：40-44；48.

"现代性始终是而且到处都是以媒体为中介的"[①]。现代性推崇理性的启蒙精神，而启蒙时代的媒体——书籍对于启蒙精神的构建和传播发挥了重要作用。

媒介通过传递物质技术和文化产品促进了人的发展，也将西方的现代性传播到了全球各地，使现代性不但成为资本主义的同一化力量，更是成为全球同一化的力量。未来学家阿尔文·托夫勒（Alvin Toffler）提醒人们："全球化不等于同一化。"[②] 现代性正在使传播启蒙的媒介成为一种掌控人的工具和一种社会控制的方式。工业进步造就了大量的物质文明，但是它拓展到精神文明领域则使文化产品也变成了机械的复制品，损坏了艺术和文化的个性。马克斯·霍克海默（Max Horkheimer）和西奥多·阿多诺（Theodor Adorno）用"文化工业"一词指出大众文化产品的标准化、齐一化、程式化。传媒在文化工业发展中到底发挥了进步作用还是退步作用，这是值得我们反思的。

现代性推进了国际传播秩序的建立。报刊是真正具有现代意义的印刷媒介，原因在于它得益于工业革命时代印刷技术的工业化，同时它也是文化工业的象征。19世纪上半叶，英国和美国等发达国家开始出现廉价报纸，这些报纸因为价格便宜、在内容上侧重新闻与娱乐信息而迅速大众化。报纸也受惠于工业革命时代蒸汽火车、轮船的发明，能够漂洋过海展开全球传播。归根结底，资本主义生产方式是报刊这一印刷媒体能够国际化传播的根本原因。

改革开放以来，中国的现代化进程不断加速，通过经济领域的工业化、市场化，政治领域的民主化和法治化，已经取得了举世瞩目的成就。20世纪末，中国人民生活总体上达到小康水平，目前中国社会正朝着第二个百年奋斗目标进发。根据中国科学院中国现代化研究中心发布的《中国现代化报告2020：世界现代化的度量衡》显示，2017年中国处于发展中国家的中间位置，具有初等发达水平，第二次现代化指数在131个国家中排名第44位，建议在2035年前后基本建成中等发达国家[③]。其中，社会主义核心价值观的培育和国内现代化的建设发挥了重要的精神支撑作用。

中国的现代化进程也是自身国际社会话语权不断提升的过程。并不是说中国

[①] 范红. 媒介素养读本[M]. 北京：清华大学出版社，2008：2.
[②] 朱少石. 用创新理念和辩证思维解析播音主持的几个关系[J]. 卫星电视与宽带多媒体，2019（4）：51-53.
[③] 中国网.《中国现代化报告2020》：我国现代化水平有多高？[EB/OL].（2020-11-26）[2022-11-17]. https://k.sina.cn/article_3164957712_bca56c1002001g76q.html.

只有完成了国内现代化,进入发达国家行列了,才能在国际舞台上占有一席之地。

从 19 世纪开始,世界上所有国家不是主动进入现代化,就是被动卷入现代化。中国特色社会主义发展现代化,绝非对西方现代化模式的认同,而是以社会主义目标作为现代化的动力。也就是说,当代中国现代化的目标最终是要实现人民共享,实现人的全面发展。当代中国价值观不仅仅包括国家层面、社会层面和个人层面,还包括全球层面。民族的文化也是世界的文化,世界并不是西方现代性一统天下,世界也因为缺乏文化多样性而陷入现代化的困境。当代中国价值观的传播,就是要塑造当代中国的文明大国形象、东方大国形象、负责任大国形象、社会主义大国形象,让他国受众更加认可中国的发展模式,更加愿意看到一个保障人类 1/5 人口生存权和发展权的幸福中国,更加能够接受一个和平崛起的现代化大国。

亚里士多德在《政治学》中提出:"城邦不仅是许多人(数量的)组合;组织在它里面的许多人又该是不同的品类。"[1] 在现实意义上,多样性的个人是组成社会关系的基础,人与人的平等意义就在于每个个体都是迥异的,倘若人人都是一模一样的"品类",那么"平等"这个道德价值本身就失去了意义。由此推及民族与民族、国家与国家之间,文化多样性体现了对民族文化个性的尊重,而且这种平等和尊重是推进国际社会资源相互交流,提升国际交往能力的关键。当代中国价值观愿意为国际社会提供一个多样化发展的成功道路,展示中国成功经验背后起支撑作用的价值观,增强其他发展中国家探索多样化现代性的信心,道明中国与西方在现代性道路上的价值共识与分歧,增进西方发达国家对当代中国发展道路的了解,相互建立信任与合作,共同促进世界和平与经济贸易繁荣。

第二节 中国价值观国际传播的对外话语建构

一、当代中国价值观的对外话语

当代中国在国际舞台上确立国际话语权,首先要构建自己的对外话语,同时

---

[1] 常晶,常士䦆. 共和政体与政治稳定——亚里士多德政治思想研究 [J]. 江淮论坛,2012(6):97-102.

要形成自己的话语生产意识。

(一)话语、话语权与话语体系

《现代汉语名词辞典》解释:"话语是指说出来的能够表达思想的言语。"[①] 在语言学中,话语是一种比语言要小、比句子要大的语言结构,它是人们在具体的语言运用中具有交际和交流功能的完整性语句单位。20世纪,随着电子媒介的发展,人们的交往方式发生了改变,从频繁的人际交流转变为更加广泛的群体传播、组织传播和大众传播等,"话语"也就随之从语言学领域扩展到哲学、政治学、历史学和社会学等领域。"话语"的内涵也得到了拓展和延伸,它在更加抽象的意义上指用语词表达的、具有特定文化价值和社会实践功能的思想客体。话语具有社会和历史的维度,它积极反映着人们在社会历史实践中形成的各种复杂关系。

话语成为意识形态发挥独立性功能的重要工具,在社会生活中的地位日益突出。马克思认为,精神交往是影响精神生产,进而影响物质生活的重要环节。随着"话语"这一语言学元素进入人类社会历史领域,人类具备了开展明确、清晰的精神交往的可能性。从语言的角度出发,不同文化的交流需要突破语种的障碍,如英语和汉语、日语、韩语之间的交流需要通过翻译实现对各自语言所表达意义的理解。但是,在具体的翻译实践中,一个语词如何翻译则不仅仅是一个文本意义上的技术问题,它同时还具备了意识形态等操控性问题。也就是说,人们精神交往中的清晰表达,包含着一个以谁为标准、让谁的意义更清晰的问题,其中就包含着话语和权力的关系问题。

话语在脱离了语言学的范围进入社会历史领域之后,就自然要与权力建立起必然联系。"话语权"一词中的"权"包含着权力和权利两个层面的内容。从权利的角度讲,"话语权利"就是话语主体运用话语维护自身权益的要求。从权力的角度讲,"话语权力"就是话语主体支配话语的能力。任何话语主体都有争取自身权益的需求,关键在于支配的能力如何。话语权利涉及一种制度安排,它在民主制度下得到广泛认可和实践。今天,我们往往尊重每个话语主体的话语参与权利,允许每个话语主体都有表达自我的机会,但是机会平等不等于结果平等。

---

① 陶然,萧良. 现代汉语名词辞典[M]. 北京:中国国际广播出版社,1995:195.

话语权力是话语力量大小的决定性因素。因此，话语权力的地位和意义要比话语权利更加重要。

话语权在今天的国家间竞争和国际新秩序建构中扮演着重要角色。安东尼·吉登斯认为："国家的发展必然与话语方式的形成相融合，话语方式建构性地塑造了国家权力。"[①] 每个国家在国际舞台上的地位不仅取决于综合国力，而且还取决于话语权力。中国彻底摆脱了"落后就要挨打"的局面，但是"失语就要挨骂"转而成为新时期的新课题。例如，新加坡、新西兰、丹麦和荷兰等国家在综合国力上，比起美国、俄罗斯和中国等大国是比较弱小的。但是，这些国家在话语权上却远远高于俄罗斯和中国等国家，其中除了西方话语中心的原因，还有话语建构的问题。也就是说，在中国搭建起与其他国家的对话平台上，其他国家出于政治、经济、文化等合作的需要，愿意主动倾听中国的声音，而中国如何主动地讲好故事是话语权建设的核心环节。

一个国家提高其国际话语权的路径有很多，其中最核心的路径就是从话语的内容入手，切实提高话语的质量，建构起完整的话语体系。话语体系指的是言语活动在一定社会历史环境中所运用的范式，这种范式承载着话语主体的主观意志和完整有序的思想的话语建制。一个国家完整的话语建制，确保了本国话语的相对独立性，防止本国话语被他国话语所消解。当然，不同的话语体制之间也不是绝缘的，否则难以构成彼此畅通的沟通机制。积极的话语体系必然是有包容性的，它要寻找不同话语体系中的共识价值，以此来实现话语的构建与创新。总之，多样的话语体系是摆脱一元话语霸权的基础，同时，话语体系也不是阻碍人类沟通的封闭建制，它是开放性的、承载各国社会历史性的完整建制，它不但不会阻碍话语的传播，而且在意义的构建中能够全面地传达国家的主观意志。

（二）当代中国价值观的对外话语生产

话语不仅是形式，更是内容。当代中国的对外话语要求在形式上讲好中国故事，在内容上也要有好故事可讲。当代中国价值观的对外话语体系构建是建立在我们有自信的文化和价值观基础上，而且这种文化和价值观与当代中国的伟大实践是一致的。问题在于，我们如何在形式和内容上进一步增强价值观的感染力，

---

① ［英］安东尼·吉登斯. 民族—国家与暴力[M]. 胡宗泽，赵力涛，译. 北京：生活·读书·新知三联书店，1998：254.

提高国外受众对当代中国价值观的认可。

当代中国价值观虽然可以用24个字的社会主义核心价值观来概括，但是在对外传播时仅以24个字构成的12个词语，远远不足以说明当代中国价值观的内涵。当词语的内涵需要扩展，需要进一步结合社会历史情境说明时，话语的重要性就凸显出来了。

以社会主义核心价值观中的"民主"为例，它自被提出来之后，一直存在于西式民主与中式民主的话语差异之争中。中国古籍《文选·班固〈典引〉》中提到了"民主"一词："肇命民主，五德初始。"这里的"民主"，蔡邕注为："民主，天子也。"即"民主"是民之主宰者的意思。清朝时的文人在翻译《万国公法》时，也将"president"（总统）一词翻译成"民主"，但它与当代中国价值观中的"民主"内涵相去甚远。清末，中国人一般用"德谟克利西"来音译"democracy"一词。维新变法时期，中国从日文中引进大量的政治术语，其中对应"democracy"的"民主"一词也被引入中国。1905年，孙中山将"democracy"翻译作"民权主义"。五四运动之后，"democracy"被翻译成"民治主义""平民主义"。毛泽东在《湘江评论》发刊词中就是使用的"平民主义"一词来指称"democracy"。1940年，毛泽东陆续发表《新民主主义论》和《新民主主义的宪政》，开始使用"人民民主"这个词语来指称中国共产党的民主含义。"人民民主"延续了"民主"是民之主宰者的中国传统话语用法，但是"人民"主体又明确了人民才是民之主宰，与专制主义的"民主"区分开来，衔接到儒家的"民本"思想上。同时，"人民民主"又与"democracy"这一近代西方意义上的"民主"建立起关联。

从"人民民主"话语的演变可见，"人民民主"一词并不是毫无传统文化基础的，它在传统"民主"前加上了人民主体，这接近于近代西方民主的意义。当时毛泽东在论述新民主主义时，使用的"权利"一词就带有浓厚的资产阶级民主色彩，它包含了选举权和言论自由权。但是，"人民民主"又显然不同于"democracy"的西式民主，因而它用带有阶级性的"人民"一词，区别于抽象的西方民主。"democracy"一词源于希腊字"demos"，意为人民。古希腊时期的民主就是城邦公民一起通过商讨追求公共的善，而在现代自由民主理论中"公民"发生了巨大变化，它不再是古希腊时期寻求公共善的主体，而是自我利益的追求者。人民民主的演变史已经证实了，它是革命文化与社会主义先进文化的产物，是以毛泽东为核心的中国共产党人在革命中确立的民主话语，同时在后来的社会主义建设时期中不断得到延续和发展。

在当代中国价值观的对外话语生产中，既出现了具有鲜明中国特色的原初话语，又有在近代革命和现代化建设中不断与西方文化碰撞形成的演化话语。

二、当代中国价值观国际传播话语的建构

马克思认为，哲学是时代精神的精华①。不光是哲学，哲学社会科学及其所蕴含的价值观都构成了时代实践的引领和总结。因此，价值观的构建需要学术话语的支撑。

（一）中国特色话语体系与价值观

中国先秦诸子百家、宋明理学心学系统、明清批判儒学兴盛，都以学术话语推进了社会主义核心价值观的发展与传播。马克思说，理论只要彻底，就能说服人、掌握人。因此，当代中国价值观国际传播话语的科学化建构仰赖于中国特色学术话语体系的构建。学术话语主要是被他国的学术团体和学者、思想家所掌握，他们也是价值观国际传播中重要的受众和传播者。虽然比起非学术群体的大众，他们属于小众，但是他们的传播力量不容忽视。今天，大众文化是文化传播的主流，但是，系统的学术话语传播系统价值观传播是通俗的价值观传播的基础。

学术话语确保了诠释的科学性，中国特色确保了诠释的自主性。由于中国特色学术话语体系本身建立在全球视野上，因此，中国特色并不会因为强化了话语的本土性，而丧失了对话的交往性。例如，我国在对外传播过程中，为了让西方受众更好地理解具有中国文化特色的词语，在翻译上注重采用归化策略，而不是异化策略。所谓归化策略，就是采取目标语读者所习惯的表达方式来传达原文的内容，而异化策略注重民族文化的差异性，不利于文化间的求同。但是，这也带来了很大的问题，即一些具有中国特色的词汇失去了发扬自我的机会。改革开放以后，北京外国语学院编辑了我国第一部《汉英词典》，其缺陷就在于很多有中国文化特色的词语并没有体现出来。

毛泽东说："我们中国人必须用我们自己的头脑进行思考，并决定什么东西能

---

① 吴晓明. 构建中国特色哲学学科体系的目标与任务 [EB/OL]. （2020-05-18）[2022-11-15]. https://www.xuexi.cn/lgpage/detail/index.html?id=10768229151311916219.

在我们自己的土壤里生长起来。"①构建中国的学术话语体系来传播价值观，就是要从自身的文化和自身的社会实际出发。话语虽然不是现实，但是话语的积淀和形成，离不开具体的社会环境。话语是社会现实的反映。因此，坚定文化自信、话语自主就是坚持具体问题具体分析。

（二）当代中国价值观的对外诠释

我们不得不承认，当代中国社会主义核心价值观中的"民主""自由"等都是外来词，中国传统文化中相关词语的话语内涵与之相去甚远，但是民主、自由等价值观内涵既不是凝固不变的，也不是以西方话语为标杆的。中国的传统文化、马克思主义理论、社会主义先进文化中都有与民主、自由等价值观相关或相近的表述，这是我们构建中国特色学术话语并用以诠释价值观的理论资源。

习近平总书记在哲学社会科学工作座谈会上指出："实践也证明，无论时代如何变迁、科学如何进步，马克思主义依然显示出科学思想的伟力，依然占据着真理和道义的制高点。"②当代中国价值观的科学诠释必须坚持马克思主义理论的指导地位，既能实现其诠释的科学性，同时又能够占据道义上的制高点。习近平总书记在十八届中央政治局第十三次集体学习中指出："牢固的核心价值观，都有其固有的根本。抛弃传统、丢掉根本，就等于割断了自己的精神命脉。"③中华优秀传统文化是当代中国价值观的重要源泉，它是当代中国价值观的民族标识和文化基因。价值观也是实践的产物，当代中国价值观即是在中国社会主义的实践中不断得到发展和弘扬、检验与确认。社会主义先进文化凝聚着党和人民在社会主义革命和建设中萃取的核心价值观与精神力量。

以"自由"价值观为例，我们只要充分借鉴中国的传统文化、马克思主义理论、社会主义先进文化中关于"自由"的观念，便能够基本科学地诠释出中国特色的"自由"价值观。

首先，中国传统文化中的"自由"价值观将个人自由与社会自由紧密联系在一起。中国传统儒家也提倡个人层面的"自由"，但是这种"个人自由"不是脱离社会关系的个人主义权利，而是追求人的独立人格。这种独立人格是不畏权贵、

---

① 毛泽东. 毛泽东文集：第3卷[M]. 北京：人民出版社，1993.
② 习近平. 在哲学社会科学工作座谈会上的讲话[N]. 人民日报，2016-05-19（2）.
③ 习近平论社会主义核心价值观——十八大以来重要论述选编[J]. 党建，2014（4）：6-8.

傲然处世、洁身自好、卓然独立的"大丈夫"人格，反映了君子追求平等的内心世界。但是，这种内在的人格追求又不妨碍君子积极入世的作为。传统儒家的独立人格中胸怀天下苍生，以"先天下之忧而忧"的情怀将个人融入社会道德的实践，不谙世事无常而自我逃避，积极参与承担社会责任。

其次，马克思主义的"自由"价值观兼顾无产阶级的"自觉自由"。奥地利经济学家、政治哲学家弗里德里希·哈耶克（Friedrich Hayek）反对政治中的理性主义，反对政府的干预，主张包括语言、传统、工具、法律和市场在内的"自发秩序"。马克思认为："一个种的全部特性、种的类特性就在于生命活动的性质，而人的类特性恰恰就是自由的有意识的活动。"[①] 人的活动的自由是一种自觉的自由，这是人与自然界活动的区别。同时，马克思认为，私有制状态下的人生活在"似自然性"的异化状态中，并没有彻底实现主体的自觉，并没有彻底破除人之所以不自由的私有制根源。因此，无产阶级要从自身的阶级实践中充分认识到不自由的根源，才能以自觉的意识去不断在现实的社会主义运动中努力实现人的全面自由。

综上所述，我们通过中华优秀传统文化、马克思主义理论和社会主义先进文化审视和分析西方"自由"价值观，得出了具有中国特色的"自由"价值观。这个价值观的诠释使用的是中国特色的话语，彰显了中国的价值观自信。当代中国价值观可以在这样的审视和分析中完成内涵诠释，当然，我们也不能全面否定西方话语的价值合理性，它为我们提供了一个剔除中国传统文化糟粕、反思社会主义改革道路、发展马克思主义时代化的理论参照。中国特色的话语并不是与其他话语绝缘的，而是在共通之中寻找共识，凝练出促进全人类和谐发展的价值观。

三、当代中国价值观国际传播话语构建——共享性构建

共享性是互联网时代的基本特质。人类社会群体是与共享价值并存的，没有共享价值，人类群体就无法维系。互联网的发展在技术上提升了信息与资源交换的效率，在内涵上改变了用户的需求结构，它使人类群体的共享性变得日益显性化。与此同时，共享也是当代中国的发展理念。习近平总书记强调："生活在我们

---

① [德]马克思,恩格斯.马克思恩格斯全集:第42卷[M].中共中央马克思恩格斯列宁斯大林著作编译局,译.北京：人民出版社，1979：96.

伟大祖国和伟大时代的中国人民，共同享有人生出彩的机会，共同享有梦想成真的机会，共同享有同祖国和时代一起成长与进步的机会。"[①]党的十八届五中全会首次提出了包括"共享"发展理念在内的"创新、协调、绿色、开放、共享"五大发展理念。当代中国价值观在国际传播过程中要牢牢把握当前共享时代的特质，在话语建构上遵循共享规律，使当代中国价值观在共享层面转变成为人类的价值共识，在实质上建立价值观传播的根基。

（一）价值观的独特性与新世界主义话语

在国际传播中，价值观传播与话语共识之间是一对矛盾。在现实的国际环境中，每个国家都有不同于他国的价值观，因此，价值观是一种独特性信息。中国与西方在价值观上存在较大的差异，西方受众往往很难在大众传播的语境中接受关于中国价值与观念的传播。但是，价值观作为精神层面的传播对于对外传播国家形象尤为重要，因此，在国际传播中如何建构话语共识成为关键所在。

利益决定话语，话语能否形成共识取决于利益能否实现共享。早在公元前4世纪，犬儒派哲学家就追求成为"世界公民"，注重人类整体的普遍价值和利益。但是，此后现实主义国家关系的发展使民族主义成为影响国家间利益的重要意识形态，并且制约着国际传播的主流话语构建。

伦敦城市大学的社会学家让·卡拉比（Jean Karabi）认为，19世纪以来的国际传播进程可以分为三个阶段：第一阶段是以技术为驱动的国际化传播，第二阶段是以资本为驱动的全球化传播，第三阶段是以人本主义为驱动的跨国世界主义传播。今天，人本主义的世界主义传播使全球文化不再那么狭隘化与区域化，而是出现了跨越国家与民族的区域性联结的文化杂糅现象，这也构成了国际传播话语发展的新趋势。

全球化的发展促使人们重新思考"非此即彼"的非整体性利益观的有害性，越来越意识到"你中有我，我中有你"才是人类群体发展最根本的价值取向。所谓的新世界主义，仍然尊重民族与国家间利益，反对狭隘的民族主义，在全面的利益交往中追求人类的共同利益。近年来，中国顺应新世界主义的潮流，积极推动了"一带一路"、亚洲基础设施投资银行、丝路基金等一系列国际传播顶层决策。

[①] 习近平主席"就职宣言"——习近平在第十二届全国人民代表大会第一次会议上的讲话 [J]. 领导决策信息，2013（11）：34-35.

与之相适应的是，在精神交往层面，当代中国对外传播的话语表达也遵循了新世界主义的理念。德国社会学家乌尔里希·贝克（Ulrich Baker）引用德国作家保罗·托马斯·曼（Paul Thomas Mann）的"混合咖啡原则"来构建欧洲世界主义的结构原则，以此说明世界虽然稀释和减少了部分本土性和民族性成分，却在总体上提高了本土性和民族性向外传播的总量和效果，保留了活力极强的文化基因和民族精神，而且传播对象还乐于接受，同时这也为解决国际传播中非此即彼、非黑即白，以及对立性、单一性、矛盾性、偏执性等问题提供了一种灵活的、理性的、综合的思维。在新世界主义层面上，当代中国价值观的国际传播要懂得反向融合西方元素与西方文化，不断挖掘中西方文化中的有益成分，改造和转化特殊性的意义，借用西方符号来诠释中国文化和价值观。

（二）以"平衡传播"提升话语共享性

西方新闻传播业在从政党报刊时期向商业报刊时期的发展过程中形成了"客观报道"的原则。所谓"客观报道"，并不是说新闻媒体没有自己的立场，而是强调报道过程中的"平衡传播"，即在传播信息中保持"正面信息"和"负面信息"的平衡。马克思、恩格斯对于"平衡传播"原则同样十分重视，马克思把这种方式概括为"根据事实来描写事实"。"平衡传播"实际上也是以受众为中心、尊重受众评价能力的表现，受众愿意接收某个媒体传播的信息，就在于这个媒体能够传播全面开放的信息，而不是传播片面的信息。我国新闻媒体所倡导的"以正面报道为主"，强调的是导向的正面性，而不是主张"报喜不报忧"。也就是说，媒体在报道负面信息的时候，也要从正面予以引导，帮助受众更加积极地理解负面信息。由此，舆论导向与平衡传播之间并不矛盾，或者说，建立在平衡传播基础上的舆论导向贯彻了传播学中"两面提示"的技巧，因而更具有积极意义。

在当前的国际传播中，媒介偏见远比平衡传播盛行。媒介偏见客观存在的诸多因素中，价值观无疑是至关重要的。因此，要在价值观的国际传播中贯彻平衡传播原则，有其自身的矛盾性。在具体的新闻传播过程中，由于把关人和议程设置的客观存在，媒介偏见便不可避免。

当前全球文化交流日益频繁，如何在国际传播中全面反映中国现实变得愈加重要。平衡报道的原则无疑能够对外传播中国最真实的状态。2015年1月，CCTV-9频道的《走近中国》栏目做了一期题为"中国的信仰与价值观"的访谈节目。这期节目主要反映中国改革开放以来,市场经济的发展使得民众中间出现了"一切向钱看"的价值观,这种价值观在食品安全、民众哄抢等新闻事件中得到鲜活的展现,目前中国社会存在着"见利忘义"以及"缺失诚信"等不和谐观念。这期节目通过从负面展现中国价值观的暂时没落,又在正面意义上强调社会主义核心价值观构建与传播的必要性,及其如何实现的现实性。这一期对外传播价值观的电视节目明显采用了"平衡传播"的策略,从正、反两方面形象地勾勒出当代中国价值观的建设问题,如实地向世界呈现中国经济崛起之后如何打造文化价值观支撑体系。这不但提高了中国对外话语在世界的公信力,有利于增强价值观导向的说服力,同时,负面想象的存在也会为积极价值观的形成提供契机。

四、当代中国价值观国际传播话语权构建——制度构建

任何国家在对外传播中构建话语权都离不开相应的媒介体制。媒介体制反映了国家和社会把信息传播纳入社会制度框架内以形成一种制度化传播的诉求。当代中国价值观的国际传播话语权构建离不开中国特色的传播制度轨道。

(一)传播制度与国际传播话语权

马克思认为:"每种生产形式都产生出它所特有的法的关系、统治形式等等。"[①]制度就是一种规范性的历史存在物,以强制的方式调整人与人、人与社会的关系,以促进人与社会的发展。由于制度是历史存在物,所以在不同的历史时期,其制度的规范性又各不相同。所谓传播制度,就是控制大众传播的社会规范体系。不同历史时期占统治地位的阶级和阶层是传播制度的制定者,因此,政治制度在传播制度的建立和发展中起着决定作用。

美国伊利诺伊大学教授威尔伯·施拉姆(Wilbur Schramm)等人于1956年出版的《报刊的四种理论》一书中指出,世界上各个国际传播制度与政治制度基本一致,大致可以分为四种:集权主义理论、自由主义理论、社会责任理论与苏联的共产主义理论。美国的丹尼尔·哈林(Daniel Hallin)教授和意大利的保罗·曼奇尼(Paolo Mancini)教授认为,《报刊的四种理论》缺乏经验性支持,他们开展了一项针对欧洲和北美18个国家媒介制度的调查,并于2004年出版了《比

---

① [德]马克思,恩格斯. 马克思恩格斯选集:第2卷[M]. 中共中央马克思恩格斯列宁斯大林著作编译局,译. 北京:人民出版社,1975:6.

较媒介体制》一书，提出了欧美国家存在极化多元主义模式、民主法团主义模式和自由主义模式三大媒介体制发展模式。由于每个国家都拥有复杂的历史文化关系，因此很难用几种标签化的模式准确定义特定国家的媒介制度类型，我们只能针对具体的国家展开深入分析，才能比较准确地看到媒介制度与政治制度的发展路径。

对外传播话语权的制度建构除了受制于政治制度，还会受到该国经济制度、文化制度和组织制度等的影响。在商业化程度极高的欧美发达国家，其传播话语权的资本积累与增殖只能通过经济制度的建构才能发挥作用。20世纪六七十年代，经济危机席卷欧美资本主义国家，政府为了提高市场机制，减少国家的介入，逐渐减少公共开支。在这样的背景下，欧美国家在传播政策上实施私有制，以降低对媒介的公有化补助，降低国家的开支，推动媒介产业的发展。私人企业大量进入媒介市场，刺激了国际化媒介的发展。

虽然，经济制度不断使欧美国家的传播制度偏离传统民主价值观的轨道，但是文化制度在一定程度上不断要求媒介民主进行重塑。文化制度权力有别于政治权力和经济权力，它是社会自发的非正式制度权力。市民社会从自身利益出发，坚守着社会的文化传统，尤其是对资本主义社会自由、平等、民主价值观的坚守，促使媒体不断以专业化的知识权力使媒介制度与资本主义社会制度相一致，广大的知识分子也通过自身的力量不断巩固和重申社会价值观，以捍卫媒介制度的底线。在对外传播中，一个国家的文化制度是价值观的基石，它不断地抵抗和解构资本的商业化冲击，建构制度化的话语权。

（二）中国国际传播话语权制度建构

在国家或政府主导的传播制度模式中，国家权力牢牢地把控着对外传播制度的构建。但是在自主性较强的传播制度模式中，各个利益集团往往遵循利益最大化的原则建构话语传播制度，经济制度和文化制度发挥着主导作用。总的来看，国家权力在话语权制度的建构中效率最高。当一个国家的目标偏向社会全体成员的利益时，话语权制度化的最佳路径还是实现国家权力的主导。

我国实行社会主义制度下的传播制度，它与资本主义的传播制度有着截然不同的理论基础和实践背景。自中华人民共和国成立后，在党和国家的政策支持下，我国建构起对外传播制度。以社会主义制度为依据，我国的对外传播制度以公有制为基础，在经济制度上防止资本垄断对话语权的干涉，在传播资源掌握在全体人民手中的前提下，尊重新闻传播专业化权利，以实现社会主义新闻自由。在这一总的原则条件下，随着国家政治制度和体制以及其他社会权力关系的变化，对外传播话语权制度也相应地有所调整。

到改革开放之前，我国在计划经济体制下建立国营制的社会主义新闻传播制度，实行政府对新闻传播事业的统一管理，因而新闻传播事业对国家权力高度依赖。我国的对外传播话语权由党和政府主导，搭建起以政治宣传为导向的对外传播制度权力关系框架，其制度优越性还是有所显现。

1978年，党的十一届三中全会开启了中国改革开放的新篇章。社会主义市场经济体制的建立，生产力和生产关系的持续解放，社会主义文化体制的改革，实现了文化事业与文化产业的双轨制，使经济场域权力对对外传播制度的影响日益增强，我国重新架构起包括新华社、中新社两个世界性通讯社，以及中国国际广播电台、中央电视台、外文局与中国日报社等在内的对外传播媒体组织网络。从2007年起，中国政府发布政令，全面开放国外记者在中国的采访权限。政治场域和经济场域权力在对外传播话语权建构中并存，使我国的对外传播话语生产兼具宣传和传播的双重功能。

（三）中国国际传播话语模式的建立

对外传播制度是一个半自主的制度秩序。所谓话语权的制度化，就是通过政治经济资本的累积来行使其对话语建构的制度权力。政治和经济对话语权建构的影响力是不均衡的，当话语建构依赖政治权力时，它就呈现出政治化特征；当经济权力在话语建构中占据主导地位时，话语就具有经济化特征。

制度化的话语模式建构，不能脱离专业化权力的介入。目前，欧美发达资本主义国家的新闻专业标准就是主导性的世界新闻标准，这一主导性地位决定了欧美国家主导着国际传播话语模式。在全球化的过程中，越来越多的国家不得不趋同于欧美国家的新闻专业标准，但是，在这种传播制度的融合过程中依然存在着权力的博弈。

由于各个国家之间媒介文化传统存在差异，因此，专业化话语制度背后，传播话语的使用偏好也发挥着重要作用。虽然欧美发达国家希望凭借其政治经济上的优势将新闻专业标准同一化，但是处在边缘地位的国家并不会因为国际传播的需要而一味地迎合这一标准。美国的个性化"戏剧性叙事"风格已经成为它标杆性的话语偏好，并且这种话语偏好以会"讲故事"而闻名于世。与之相比，中国传播制度坚持党性原则，其新闻话语偏好始终立足于自身的政治文化传统，以"严肃"新闻作为国际新闻的生产模式。

随着中国国际传播话语权制度自主建构的不断成熟，我国的国家形象和价值观印象得到极大改善。在对外传播中，关于党为人民服务宗旨的宣传逐渐开始采用广大国际受众所能接受的方式。我们的对外传播开始注重从对生命的尊重、对个体权利的尊重、对生态关系的关注出发，增强国际传播受众对社会主义制度和中国价值观的了解和认可。

（四）建构中国价值观国际传播话语权制度策略

在中国的话语权制度中，党的领导始终占据主导地位，这取决于社会主义制度下党领导地位的确立。社会主义制度的传播话语要以人民利益为中心，就要在党的权力框架下，发挥经济权力和文化权力的作用。

当代中国价值观的国际传播话语不能忽视中国文化体制改革的介入。习近平总书记在党的十九大报告中指出：推动文化事业和文化产业的发展，"加快构建把社会效益放在首位、社会效益和经济效益相统一的体制机制。"[①] 这一要求为中国传播制度中的社会化权力进行了明确的阐释，将经济权力和文化权力的边界进行了明确的限定。当代中国价值观的国际传播，要建构新的话语体系，用"新概念、新范畴、新表述"提升话语权，建构中国特色的新闻专业主义模式的概念框架，建构国家想象获得国际认同的知识基础，注重传播的公共性与产业性的协调发展，发挥好对外传播的服务功能和产业功能。

中国价值观国际传播的话语建构，是党的十八大以来国家在社会主义文化建设方面的重要任务。2016年，习近平总书记在哲学社会科学工作座谈会上的讲话中指出："要按照立足中国、借鉴国外，挖掘历史、把握当代，关怀人类、面向未来的思路，着力构建中国特色哲学社会科学，在指导思想、学科体系、学术体系、话语体系等方面充分体现中国特色、中国风格、中国气派。"[②] 这就要求以下几点。

[①] 习近平. 决胜全面建成小康社会 夺取新时代中国特色社会主义伟大胜利[N]. 人民日报，2017-10-28（1）.
[②] 中华人民共和国自然资源部. 习近平同志《论党的宣传思想工作》主要篇目介绍[EB/OL].（2020-12-22）[2022-11-15]. https://www.mnr.gov.cn/zt/xx/ddxcsxgz/202012/t20201222_2596020.html.

第一，当代中国价值观国际传播的话语权制度建构要尊重新闻传播规律，重视专业化的权力在话语权建构中的地位。党对新闻舆论工作的领导要尊重新闻传播自身的专业规律，这是马克思主义新闻观的重要原则之一。新闻传播在长期的发展中，形成了特有的专业标准与文化传统等，这些都构成了其自身的文化权力。在新闻传播领域中，虽然各个国家基于自身的文化传统有不同的话语偏向，但是作为一种专业主义，其具有跨越国别、民族、地域差异而被广泛接受的专业知识规范，这是新闻传播本身自我制度化的职业自律基础。中国价值观的国际传播要获得国际认同，就要在核心的专业话语上遵循新闻传播本身的制度化。

第二，当代中国价值观国际传播的话语权制度建构要以社会主义传播制度为基础。中国文化资本的积累不同于西方的文化资本积累，它要受到社会主义制度的约束。社会主义制度发展文化资本，要通过繁荣文化市场和发展文化产业，从而在国际文化市场中获得话语权。但是，中国的文化资本又受到党的领导，要为社会主义的精神文明、人民的精神文化需求服务。因此，当代中国价值观国际传播的话语权制度建构要以马克思主义为指导，在社会主义市场经济体制下发展文化产业，在商业化发展中统一社会效益和经济效益。党对文化资本的驾驭能力在于，要使文化资本和文化权力为人民大众的普遍利益服务，而不是为垄断的特殊利益服务。

第三，当代中国价值观国际传播的话语权制度建构要以文化传统为依据。中国传统文化作为一种历史积淀的结果，它是超越所有制结构的制度构建要素。当代中国价值观国际传播是不可能脱离传统文化的制约的，同时它也要尊重国际受众所在国家和地区的文化传统。因此，中国特色话语权建构所要求的新概念、新范畴、新表述，既不是一味迁就国外受众的认知框架，也不是唯我独尊的文化自闭，而是要在"融通中外"上做足功夫。中国传统的国际传播话语制度讲求"内外有别"，但是在互联网时代，传播越来越具有即时的特性，内容的选择性传播空间随着国际媒介竞争的加剧而逐渐缩小。在这样的大背景下，中国价值观的国际传播就不能一味强调"内外有别"，而要在"一国一策"的基础上实现话语的共性建设。

当代中国价值观国际传播话语权的提升与话语权制度的建设应该是同步的。一方面，话语权和话语地位在国际上的提升，都是文化传统输出的结果；另一方面，中国国际传播话语中的文化权力因素会随着国际话语权地位的提升，不断影响话语权的制度化。

第三节 中国价值观国际传播的媒体平台构建

信息一旦形成，就必然要通过畅通的渠道传播出去。信息的传播在本质上即信息的交往，那么渠道就是基于一定符号系统的交往工具。基于此，媒介渠道是媒体内容在从内容供给端向受众需求端转移的过程中所依赖的载体和路径。由于新媒体以数字技术和互联网技术作为支撑，因此它天生具有全球传播的优势。新媒体具有交互性、即时性、海量性与共享性等特性，它改变了受众对信息的处理方式，传统被动的受众在新媒体中转变为主动的信息生产者，深刻地影响着传播生态，也对国际传播产生了巨大的影响。

一、基于新媒体特征的价值观国际传播

与传统媒体相比较，新媒体具有诸多特性，这些特性重塑着价值观的国际传播形态。

（一）基于新媒体超时空性的价值观国际传播

传媒技术的进步本身遵循着"时间消灭空间"的规律。传统媒体的传播往往受到时间和空间的制约，如报纸的传播需要通过火车、轮船的运输才能全面实现。此后，无线电技术、卫星传输技术的出现减少了人们进行信息传播的时空障碍，新媒体技术更是具有光速的数字传播特点，更进一步地消解了空间上的障碍，这为信息的全球化传播提供了物质基础。

在传统媒体时代，人们就在财富的交换中开始进行文化的传播与交流，促进了价值观的传播。在"丝绸之路"的商路中、在航海大发现的征程中、在宗教跨地域的布道中，人们的价值观传播从来没有间歇过。但是，这种传统的价值观国际传播往往要经过几十年、几百年才能形成一定的效果，而且那时的传播往往并不是直接的，而是间接的，如古代欧洲人对中华文化和价值观的理解，往往是以中亚和西亚文明为中介，因此在传播中，被传播的诸多文化往往被再生产，已不

再是原汁原味的中华文化本身了。新媒体的发展使得价值观的传播速度和范围取得了重大突破，人们可以非常直接和迅速地了解原生态的价值观，并且可以通过更多的信息去体会和掌握异质价值观的内涵。

（二）基于新媒体交互性的价值观国际传播

新媒体的交互性在本质上改变了人与内容的关系，突出了人与人的关系，是人们了解内容、消化内容的基础。新媒体使人们能够在数字空间中建立起对于彼此的信任与认同。与此同时，新媒体的超时空性也让这种信任的构建变得更符合国际传播的需要。

新媒体的交互性使得价值观的国际传播在内容上不再局限于价值观本身。价值观的传播不是照本宣科式的传播，它可以通过传播主体之间的行为、情感、精神等方面的交流，以更加具体的方式得到感性呈现，以更加生活化的方式展现出来。在新媒体环境中，人们使价值观通过社交媒体以新型的社交方式在不同国籍、不同文化背景下，通过精神的碰撞进行深刻传递，在更加开放、平等的数字平台中得到更加广泛的认可。

二、当代中国价值观国际传播的新媒体平台

（一）新闻网站的价值观国际传播

新闻网站是我国传统媒体最早进入的新媒体领域。在对内传播社会主义核心价值观方面，主流媒体纷纷建立"社会主义核心价值观"专题，以形成良好的国内舆论态势。在对外传播当代中国价值观方面，目前主要由人民日报社、新华社、中央电视台、中国日报社、中国国际广播电台等中央媒体凭借自身的强大新闻媒体网络资源积极建设多语种新闻网站，成为海外媒体和普通民众了解中国的重要窗口。

国内媒体通过新闻网站对内和对外传播价值观的方式有所不同。在对内传播价值观时，新闻网站既会通过新闻报道隐性地传递价值观精神，也会通过设置理论频道来较为显性地传递价值观内容。但是，在对外传播价值观的过程中，新闻网站为结合跨文化传播的特点，会更多采取说话者导向和基于语言的沟通方式来进行隐性传播。

（二）视频网站的价值观国际传播

视频网站是一种社交网站与视频信息传播相结合的新媒体，它改变了单一的文字信息共享的方式，通过可视化的视频信息深化用户的互动能力。越来越多的用户不再受制于识字的困扰，而能够通过视频网站接收信息。从这个意义上来说，视频网站在无形中拓展了媒体的受众覆盖面，在形式上以图像信息拓展了内容生产的范围，增加了用户的黏度。

（三）移动客户端的价值观国际传播

客户端，又称用户端，它指的是一种与服务器相对应，为客户提供本地服务的程序。移动客户端是指在智能手机、平板电脑以及智能电视等移动设备上使用的应用程序，最早是由美国苹果公司在ITouch、iPhone（系列电子产品）平台推行的一种服务方式。目前主流的移动客户端是手机客户端。移动客户端实现了对传统网站的垂直化和移动化改造，用户可以更加便捷地访问网站内容，也有利于用户在阅读体验上的提升。根据2017年的最新统计数据显示，全球移动用户数量突破50亿人，占总人口的2/3[①]。因此，移动客户端成为国际传播的重要媒体。

2017年10月15日，《人民日报》英文客户端正式上线；2018年1月23日，新华社英文客户端正式上线。国内主流媒体相继推出英文版客户端，抢占了国际舆论的主渠道。《人民日报》英文客户端在界面设计上以"中国红"为主色调，栏目设计简洁明快，突出了民族性和国际化特征。在2018年3月中国两会期间，《人民日报》英文客户端开设专题栏目，运用视频、图解、文字等多种形式，围绕国际合作、创新创业、扶贫、反腐倡廉等话题展开报道。新华社英文客户端的一个亮点是大量应用了集云计算、物联网、人工智能于一体的"媒体大脑"Magic智能化采编系统，这在国内媒体中属于首创，同时又开设了"中国新闻""世界动态""高端时政""中西文化"等栏目和专题，既包罗万象，又具有鲜明的中国特色。例如，2018年2月下旬正值《共产党宣言》发表170周年，国内媒体做了大量专题报道，并对英国共产党总书记罗伯特·格里菲思（Robert Griffiths）进行了专访，相关报道在中文客户端上突出了"马克思主义一直在影响英国"，彰显了马克思主义的当代性与国际性。同时，新华社英文客户端报道的标题改为"《共

[①] 搜狐网. 2017年全球移动用户数量突破50亿，总人口的2/3！[EB/OL].（2017-06-19）[2022-11-15]. https://www.sohu.com/a/150243101_767502.

产党宣言》对不公平的西方保持着巨大价值",这既突出了马克思主义价值观的优越性,也彰显了当代中国价值观的内涵。

(四)公共智能屏幕的价值观国际传播

所谓公共智能屏幕,是相对于个体性智能屏幕而言的。个体性智能屏幕就是个体使用的屏幕,如计算机、智能手机、智能电视等;公共智能屏幕是指面向群体使用的屏幕,一般是指在公共场所设立的各种屏幕,如车载电视、大型户外广告屏幕等。公共智能屏幕借助城市公共空间,实现传播内容的再公共性,实现受众的公共交往,在跨文化传播和国家形象建构方面大有作为。价值观在本质上就是使具有"公共性"的价值理想信念成为全社会的共识,因此,它以公共智能屏幕作为载体,能够最终实现社会传播甚至国际传播。

新华社于2010年推出了"新华影廊"传播项目,它在全国各省(区、市)重要场地建立电子展示屏,形成新华社图片展示终端网络,同时还通过租赁场地等方式将其积极推广到海外的公共场所。

三、当代中国价值观国际传播新媒体平台建设的不足

当代中国价值观国际传播的新媒体平台建设存在文化壁垒、管理机制不健全和创新能力不足三个方面的障碍,严重制约着当代中国价值观的国际传播效能的发挥。

(一)文化壁垒

文化与价值观的关系十分密切。价值观是文化的精髓,文化则是价值观在社会实践中的现实化。在当代中国价值观的国际传播过程中,东西方、国内外文化的差异是其实现传播效果的主要障碍。在新媒体环境下,由于时间和空间的限制被取消,各种不同文化之间的博弈和较量就变得更加激烈。

几百年来,西方强大的政治经济实力使西方文化变成一种强势文化,如技术的进步、制度文明的发展,西方文化深刻地影响着全球的大部分地区。同时,西方媒体的全球化发展进一步巩固了西方文化原有的传播优势地位,并且持续不断地影响着国际舆论。中国长期以来坚持和平崛起,并且把改革开放和国家繁荣的重心放在经济建设上,这对于正处在社会主义初级阶段的中国尤为重要。但是,

当代中国文化的国际影响力并不是很高。

在报纸、广播和电视等传统媒体传播文化的时代，其国际传播的范围十分明显。在新媒体时代，原有的传播边界日益模糊，文化影响力的作用范围变得弥散，这使原本就处于国际影响力弱势的中国文化的竞争环境变得更加恶劣。

（二）管理机制不健全

2017年年底，中共中央网络安全和信息化委员会办公室主办的《网络传播》杂志发布了"中国新闻网站传播力榜"。分析该榜单不难发现，我国各大新闻网站之间的传播力差距非常悬殊，在前十强网站中，中央主要新闻网站占5席，省级网站占5席，但是仍然还有相当多的新闻网站传播力非常弱，东部和中西部之间、不同省市之间的新闻网站发展水平存在严重不均衡的状况，西部地区明显落后于中东部地区，经济、文化比较发达的省市明显强于经济、文化欠发达的省市。我国新闻网站发展的马太效应越来越明显[1]。

造成上述现象的根源在于，中国媒体现行的管理体制机制尚不健全。目前，我国针对新媒体管理制定了一系列法律法规，但是从总体上来看，我国关于新媒体领域的立法层级不高，相关法规制定得比较抽象，在具体实践中缺乏可操作性。"从实践看，面对互联网技术和应用飞速发展，现行管理体制存在明显弊端，主要是多头管理、职能交叉、权责不一、效率不高。"[2] 关于新媒体的管理机制，虽然国家设有互联网信息管理办公室来实施统筹管理，但是条块分割的问题依然存在，管理部门之间边界不清晰，容易产生职权冲突或者空白的问题，相关的监管手段在技术上还有很大的进步空间，这些都大大制约了当代中国价值观国际传播的有效性。

"随着互联网媒体属性越来越强，网上媒体管理和产业管理远远跟不上形势发展变化。"[3] 当前，推动传统媒体和新兴媒体融合发展是推进新媒体管理体制机制改革的抓手。如何实现一手抓融合、一手抓管理，是推进新媒体环境下中国价值观国际传播的行动准则。

---

[1] 王勇. 我国新闻网站的发展现状与趋势——基于对"中国新闻网站传播力榜"的分析[J]. 新闻前哨，2016（10）：31-33.
[2] 习近平. 关于《中共中央关于全面深化改革若干重大问题的决定》的说明[J]. 求是，2013（22）：19-27.
[3] 习近平. 关于《中共中央关于全面深化改革若干重大问题的决定》的说明[J]. 求是，2013（22）：19-27.

(三)创新能力不足

以社交媒体、大数据技术为代表的新媒体技术迅猛发展,全面、深入影响当代国际传播格局及未来走向,因此利用新媒体开展国际传播,必然要重视理念、渠道和内容等多个方面的创新。在门户网站时代,流量是传播的核心;在社交媒体时代,用户是传播的关键;而在当前智能媒体时代,数据和场景成为传播的核心。适用多终端、善用大数据、立足多场景和追求高智能成为未来国际传播体系布局的四个关键点。

当前,我国媒体与西方同行相比,在创新能力和创新意识方面还存在不小的差距。这种差距外在地表现为新媒体人才匮乏,但是实质上,如果不能从总体上实现理念创新,推进技术创新、形式创新和内容创新,不能从新媒体人才培养上彻底解决创新问题,依然不能彻底解决人才队伍建设问题。

四、当代中国价值观国际传播新媒体平台建设的建议

当前,我国利用新媒体开展中国价值观国际传播起步晚、底子薄,仍然存在影响力不足、建设资源不均衡、队伍建设不充分等诸多问题。针对这些问题,我国媒体要结合当前国际新媒体发展经验和趋势,积极制定有效措施。

(一)促进当代中国价值观国际传播的理念更迭

党的十八大以来,党中央高度重视传统媒体和新兴媒体融合发展,习近平总书记2013年在全国宣传思想工作会议上的讲话中强调,"要加快传统媒体和新兴媒体融合发展,充分运用新技术新应用创新媒体传播方式,占领信息传播制高点"[1]。与此同时,新媒体的发展与创新要把其在国际传播领域的应用作为重要战略选择,加强国际传播能力建设,完成连接中外、沟通世界的传播使命。

第一,在价值观国际传播中掌握多种规律的融合。新媒体实现了由单一的网络媒体向全媒体的转变,并形成诸多规律。认识新媒体规律、利用新媒体规律是媒体从业人员运用新媒体的前提。在价值观的国际传播中,新媒体规律与国际传播规律、价值观传播规律三者之间如何整合与协调,是理念创新的关键。例如,

---

[1] 中共中央文献研究室. 习近平关于社会主义文化建设论述摘编[M]. 北京:中央文献出版社,2017: 31.

跨文化沟通是当代中国价值观国际传播中难以逾越的壁垒，而当前大数据技术正在不断尝试跨越这道障碍：通过大数据平台的建设，实现对规模化数据的挖掘、分析和梳理，对受众的行为趋势与价值取向进行全景式分析，精准预测国际舆情走向。那么在大数据平台建设中，如何设置观察参数和抓取关键词，这就需要拓展到对价值观规律和传播规律的把握上。

第二，在价值观国际传播中树立交往传播理念。当前，中国的国际传播要遵循交往传播理念。马克思从唯物史观的层面科学地揭示了民族历史变成世界历史的进程。社会主义制度所强调的世界交往，是在主体平等前提下所实现的普遍交往。当前，中国的国际传播自觉推进在全球历史发展中将主体间性推进到文化间性，积极主动地与他国开展交往对话，推动不同国家之间的文化融合进程。从长远来看，以人的逻辑推进的文化交往传播才是最符合历史进程的，因而也将是最具有生命力的。

第三，在价值观国际传播中确立话语转换理念。在国际传播中，媒介从业人员要明确话语传播的层次性，并且善于运用多模态话语来做好价值观的国际传播。所谓多模态话语，就是除了文本之外还带有图像、图表等的复合话语，或者说是以任何一种以上的符号编码实现意义的文本。在价值观的国际传播中，既要以文字准确传播价值观的意义，还要运用图像、音乐、表情、手势、姿势等各种符号全方位地展示价值观的内涵。如果说，传统媒体在传播多模态化时很难实现符号的多元化，那么在新媒体平台上，多模态话语就具备了可操作性。例如，《人民日报》的全媒体平台"中央厨房"通过微动漫《碰瓷儿》来解读中国关键词，通过拍摄微纪录片讲述中国人的故事，除此之外，还设计发布视觉符号传播和展示中国形象等，都取得了较为显著的传播效果。

（二）实施当代中国价值观国际传播的体制机制创新

近年来，从中央到地方的各个主要新闻单位都在努力探索适合自身实际的媒体融合与国际传播路径，并且取得了斐然成绩。新媒体国际传播的体制机制建设，通过增强媒体活力、放大媒体优势而增强媒体传播力，其实质就是要实现人才、资本和技术等资源配置的最优化，促进内容生产的供给侧结构性改革。

在政策供给方面，要强化新媒体方面的法律建设，将现行媒体管理法律延伸到互联网的管理上。2017年5月2日，中共中央网络安全和信息化委员会办公室发布新的《互联网新闻信息服务管理规定》，明确了互联网新闻信息服务的许可、运行、监督检查、法律责任等，并将各类新媒体纳入管理范畴。这一新的规定实现了《中华人民共和国网络安全法》（以下简称《网络安全法》）在互联网内容管理领域的落地与细化，强化了网络新闻信息服务的社会公共属性，更加具体地规定了主体资格，尤其是禁止外资参与设立互联网新闻信息服务单位，对于开展当代中国价值观的国际传播具有指导意义。但是，目前《网络安全法》仍然存在亟待完善的地方。例如，《网络安全法》虽然确立了关键信息基础设施安全保护制度，对关键信息基础设施进行重点保护，但是该法对政府信息系统安全却没有涉及。相比之下，西方发达国家极为重视政府信息的管理安全问题，并将其作为对外传播的重要基础。

在管理机制方面，要适应新媒体的传播特性，建构跨地区、跨领域、跨行业的高效管理体系。建立一个高层级、跨部门推进新媒体国际传播的机构，整合相关部门的管理资源，理顺部门之间的职责，推进各部门协同化传播，打造国际传播合力。在新媒体的国际传播中，除了继续强化官方媒体"国家队"的优势，也要关注民营新媒体的力量。

第五章 "一带一路"倡议与国际传播研究

本章为"一带一路"倡议与国际传播研究,从四个角度入手进行阐述:"一带一路"的时代背景、主流媒体对"一带一路"的建构、趋势与时势:"一带一路"全球传播构建新的话语体系、理念与路径:"一带一路"全球传播战略构想。

第一节 "一带一路"的时代背景

一、"一带一路"的宏观研究背景

(一)由"丝绸之路"转变为"一带一路"

"丝绸之路"(德语:die Seidenstrasse)由近代德国地理学家费迪南·冯·李希霍芬(Ferdinand von Richthofen)首次提出,经瑞典探险家斯文·赫定(Sven Hedin)于20世纪30年代出版的同名著作而广为流传。斯文·赫定认为,丝绸将全球各大陆、各民族连接起来,形成了一条永无止境的商路。公元前2世纪,张骞出使西域,打通了陆上丝绸之路;公元15世纪,郑和七下西洋,开辟了海上丝绸之路。丝绸之路不仅是一条商业贸易往来之路,更是连接中国与中亚、南亚、西亚乃至欧洲的思想、文化、宗教多维网络。

2013年9月至10月,习近平在出访中亚、东南亚国家哈萨克斯坦和印度尼西亚期间提出了"丝绸之路经济带"和"21世纪海上丝绸之路"建设的战略构想,两者一起简称为"一带一路"倡议。中国共产党十八届三中全会出台的《中共中央关于全面深化改革若干重大问题的决定》首次从国家意志层面确立了"推动丝绸之路经济带、海上丝绸之路的发展,构建全方位开放新格局"的战略部署,"一带一路"倡议已正式成为中国今后推进与落实的重大发展方向。"一带一路"贯穿亚欧大陆，将全球最大的亚太经济圈与欧洲经济圈紧密连接在一起，它覆盖44亿~46亿人口，经济总量约21亿美元，分别占全球的63%和29%[①]，是世界上跨度最长，也最具发展潜力的经济走廊带与文化走廊带。在一些新闻报道中，媒体往往会明确地说明"一带一路"倡议所涵盖的国家数量，似乎参与其中的国家数量是固定的，如常见于新闻中"65个国家"的说法。但事实上，在中国官方已经公布的"一带一路"相关文件中，并未明确地量化规定参与国家数量，这充分展示了"一带一路"所倡导的开放包容的发展原则，既不专门针对某个国家，也不刻意排斥某个国家。"一带一路"倡议的确具备带动区域经济社会发展的巨大潜能，目前也有众多国家参与进来，但作为发起国的中国如果只停留在从经济层面的战略解读和落实上，将不利于甚至阻碍目标规划的实施，存在一定的战略隐患。正如古人训："以势交者，势倾则绝；以利交者，利穷则散。"[②]

　　古丝绸之路是生活在亚欧大陆，但被地理天然分隔为东西方的人们在普遍缺少接触、联系的情况下，出于商贸或边界安全考虑，自发开展的交往实践活动。"一带一路"倡议不仅是对古丝绸之路精神的继承，更是在全球经济发展遇到瓶颈、世界秩序重塑的时代背景下由中华文明向世界人民提供的一种共荣共发展的合作模式。古丝绸之路已然是一条不同文明、不同文化的交流融合之路，而"一带一路"实际也汇聚了人类历史上具有深远影响的四大"文化体系"：中国文化体系、印度文化体系、波斯—阿拉伯文化体系以及欧洲文化体系。"一带一路"倡议继承发展了中华文明和而不同、平等合作的历史传统和人文精神，其内涵可以归纳为"五通三同"。"一带一路"倡议是改革开放对西方文明"引进来"之后，中华文明"走出去"的伟大实践。

　　人类文明在古丝绸之路上是多元的甚至是断层的，文明间的交往融合共同推动了历史进程发展，丝绸之路所包含的文化底蕴体现了多样共存、包容共赢的精神内核。想要使"一带一路"能够在世界范围内广泛推行，我们必须将文化层面的交往和认同放在首位，而"一带一路"的建设必须要率先在全球范围内传播开来，才能发挥其作用。而且，应当注意在"一带一路"的大国博弈中，地缘政治资源的价值远远高于其经济资源的价值。"一带一路"是对古丝绸之路的创新继

---

① 产业信息网. 2017年沿线国家经济总量与人口数量分析[EB/OL]. （2017-10-07）[2022-11-17]. https://www.chyxx.com/industry/201710/569820.html.
② 苏育生，王若岭. 中华妙语大辞典[M]. 西安：陕西人民教育出版社，1990：368.

承，"丝路文化"将历史、现实与未来连接在一起，在"一带一路"上谋求建立和而不同的"文化共同体"以及全球传播平台，用中华文明的软实力去吸引人、影响人和号召人，讲好"一带一路"故事，"文化搭台，文化唱戏"，才能真正将中国而非西方的价值观和道德理念向世界传播，实现长远的共赢合作发展。随着"一带一路"倡议的不断深入，从战略角度上去思考和研究，"一带一路"的先导价值和纽带作用能否实现全球范围的传播就显得非常重要。

"一带一路"倡议贯通亚欧大陆，不仅涉及地域广阔、涵盖国家众多，而且需要关照到文化、民族、宗教等多个维度，只有让沿线国家的人民群众充分了解并认可"一带一路"所倡导的包容平等、和平友好、互利共荣、团结互信等价值理念，各方才能主动自觉地参与其中，才能最终实现"五通三同"。加强对全球传播战略的研究，要对"一带一路"全球传播战略的必要性与可行性在理论与实践两个层面开启论证，这对科学制定"一带一路"全球传播战略有重要的理论意义与现实意义。

"一带一路"全球传播这一战略问题并非由既有学科体系规范导出，这是着眼于全球领域的国家战略实践的概括。"一带一路"在全世界范围的传播将会经历复杂且漫长的各种阶段，对这项战略的把控必须站在宏观层面和战略高度，这是一项复杂而又长远的系统工程。研究和制定"一带一路"全球传播战略，首先要明晰一些基本的理论问题，其中不仅涉及传播学中对外传播、国际传播、全球传播等一些基本规律，而且需要以战略研究的基本理论为指导进行宏观研究和统筹安排，如战略研究中的基本要素、战略思想的取向等这些基本理论问题的综合梳理，这样不仅能够拓宽我们的研究视野，而且可以更加科学地确定既符合"一带一路"相关国家国情，又兼顾时代发展特点的全球传播战略。

从战略格局看，"一带一路"倡议从某种意义上可以视为对全球政治经济秩序的一次重塑，是中华文明在21世纪交给世界人民的一个顶层设计方案。"一带一路"与现有西方主导的各种合作模式相比，最大的不同就是开放包容的发展原则，尊重并平等对待世界上的每一个国家。

沿线不同国家、不同群体对于"一带一路"倡议有着各自的理解与利益诉求，而有的国家、民族间因历史问题时常纠缠在一起，已在不同程度上对"一带一路"倡议框架下的一些落地建设项目造成了干扰，未来这种干扰将一直存在，各项基础建设工程的展开不是仅仅依靠经济利益的单向驱动就能顺利实现的。许多学者看到推行"一带一路"倡议所面对的战略风险，继而提出了文化先行、传播先行的策略。在推进"一带一路"建设中，需要通过全球传播战略形成基本的文化认同基础。在这个时代背景下，"一带一路"在全世界的传播问题，将在战略高度上展现出十分重要的作用和意义。

（二）由"国际传播"转换为"全球传播"

国际传播从字面上看指的就是跨越国界的传播实践活动，一般认为，国际传播主要是以民族、国家为单位继而开展的跨国家、跨文化、跨语言的信息交流，国际传播的受众是目标对象国，在传播内容等方面有明显的"内外有别"特征，并带有鲜明的政治宣教色彩。

全球传播的概念则是伴随着人类经济社会全球化在国际传播的概念基础上发展起来的，全球传播不单是国际传播在全球范围内的延伸、拓展和扩大，从传播目的、传播制度到传播理念和价值取向等都有非常重要的革新。叶海亚·伽摩利珀（Yahya Gamolipo）认为，全球传播和国际传播都属于跨国传播，代表信息流动跨越了民族国家地理的边界，两者可以互换。但严格来说，全球传播的根本特性在于其非国界性，而国际传播是信息的跨越国界流动，它建立在确认或承认国家界限的基础之上，从这个意义上看，全球传播是"超国界传播"，而非"跨国传播"。

崔远航考察了两者作为概念的起源，他认为"国际传播"作为概念最早是在1922年罗杰斯（Rogers）的论文《国际电子传播》中使用的，也即是国际联盟刚成立后不久。早期"国际传播"的概念虽然未被学界明确界定，但在国际政治、国际关系等领域的相关研究中，常赋予"国际传播"特定背景下的概念界定。第二次世界大战之后，随着经典传播学的建立，对于国际传播的界定也愈发明晰，并更多关注国家作为主体身份进行的国际传播活动。"全球传播"最早被当作标题使用是在1993年，是美国学者霍华德·弗雷德里克（Howard Frederick）的论文《全球传播与国际关系》，此后对"全球传播"这一概念的普遍征用直至今日。

从空间传播学角度简要概括，国内传播指在国家社会系统内部的传播实践，国际传播指不同国家社会系统之间的传播实践，而全球传播则是将国内传播与国际传播融为一体，以整个地球为范围的传播实践，对两者概念进行梳理和辨析不是本书的要义，但从国际传播与全球传播概念的产生、发展的历史过程中，可以看到一个世界格局发展的基本动态，那便是"全球化"。20世纪90年代以来，全球化发展态势主要是西方占主导地位，由此引发媒介信息、金融资本、人力资源等的全球无边界、无结点的自由流动，彻底扬弃了传统意义上的国际传播概念，以国家民族为主体的"国际传播"逐渐被更加广泛和更加包容的"全球传播"所代替。

（三）由"传播战略"转变为"战略传播"

学界和业界通常将研究视域集中于"传播策略"的概念维度上，强调通过对传播对象和传播受众的基本情况，如传播内容、传播诉求和目标、受众心理特点等进行综合分析后，运用多种传播手段，最终通过传播实践实现受众对传播对象形象的预期认识。侧重于中观、微观层面传播方式方法的分析"传播战略"则是在战略高度重新思考和建构传播实践问题，是传播主体融汇政治、经济、文化、宗教等因素的宏观综合考量，根据内部条件和外部环境统筹制定总体规划，包括战略目标、战略具体实施的途径和手段等。传播战略实际上是对传播理念、传播定位和传播方法的融会贯通及综合实践，具体的传播策略如整合传播、战略传播等，只是传播战略探讨的问题之一。吴征认为，传播战略是国家文化战略的核心，亦是大国战略的重要因素，应该成为一切以人为本的发展战略的有机组成部分，传播战略的实施主体一般是企业或国家。而国家传播战略指一国政府对大众传播的全局性规划和指导，根据受众的不同又分为对内传播战略和对外传播战略。随着信息技术的不断发展，传播实践在方式手段和指导理念上都在发生着更新与变革，在维护社会稳定和国家安全发展上，新闻舆论的政治能量愈发强烈地彰显出来。

"战略传播"这一概念最初是在2004年由美国国防科学委员会提出，它是指以国家政府层面为实践主体，对全球舆论、态度和文化从政治、经济、文化、军事、外交及其他多种渠道与工具进行掌控，以及通过一系列传播策略对民众态度和行为产生影响，从而建构维护或加强对国家利益有利的关系。全球传播拟态环境战略传播，如政策实施，其实质或核心是以国家为行为主体，在宣传思路与实践上进行回归，是国与国之间战略博弈的无声较量。战略传播强调，一国政府作为行为主体应为实现战略目标，统筹规划各领域的相关资源，高效率地向目标受众传递信息和施加影响。在当前的时代背景下，世界各国间的战略博弈日趋激烈，没有硝烟的舆论斗争愈发纷繁复杂，这种隐形较量的态势将长期存在。一些国家已将战略传播作为国家顶层设计进行战略规划，强调不仅政府部门需要运用公共外交等手段，军事领域也需要通过信息运作传递价值观，协同引导舆论方向，增强对目标受众的"道义感召力"，为实现国家利益创造有利环境，从这个角度看，战略传播可被视为一种基于"观念政治"的国家考量。

"一带一路"的内涵和目标是"五通三同"，而其中的"民心相通"是基础，也是"一带一路"建设在亚欧大陆广袤地域上顺利开展的社会根基。在"一带一路"建设中，经济战略、政治战略都很重要，但难以解决思想问题，"一带一路"的民心工程建设需要实施文化战略和传播战略。长期以来，全球传播的话语体系以西方为主导，"一带一路"建设必须要有全球传播的战略定力，以战略传播为理念，联合"一带一路"沿线国家共同进行设计规划。

"全球传播战略"从字面上可以视为"全球传播"与"传播战略"的有机结合，即用战略思维进行全球传播实践，学界目前尚没有对"全球传播战略"作出统一严谨的界定，一般会根据不同的研究语境赋予不同的内涵。综合现有的研究认识，作者认为"全球传播战略"是指在全球传播的语境下，传播主体基于自身的传播理念，通过对内部条件与外部环境的综合研判后制定的符合其未来发展要求的战略目标，并围绕该战略目标综合运用文化要素和传播要素等进行战略规划设计。

"一带一路"全球传播战略的实施主体，理想状态应当包括"一带一路"沿线所有国家，而不仅仅只有中国。从现实层面出发，"一带一路"全球传播战略由中国或几国首先推动，其他国家逐步加入，也只有"一带一路"沿线各国共同参与，传播主体才是完整的。从这个角度出发，"一带一路"全球传播战略与中国国家传播战略可能有融会贯通的地方，但是两者的目标及主体不一样。"一带一路"倡议涉及政治、经济、文化、科技、教育等多个领域，"一带一路"整体战略的子集中还应当包括"一带一路"经济战略、"一带一路"文化战略等，"一带一路"全球传播战略属于"一带一路"文化战略的核心组成部分，服务于"一带一路"整体战略。

二、"一带一路"倡议的国内外背景

（一）"一带一路"倡议的国际背景

1. 世界经济全球化水平日益加深

综观"一带一路"倡议实施的国际大背景，经济全球化已成为新时代世界经济发展中最引人注目的问题。从20世纪四五十年代开始，以计算机技术为代表的高新技术产业迅速崛起，成功地掀起了第三次科技革命的浪潮，并席卷全球。从规模、范围、内容、形式来看，全球化从根本上对"一带一路"倡议的发展造成了影响。这一效应主要表现在如下两个方面。

首先，国际贸易快速发展。第二次世界大战以后，国际贸易步入迅猛发展时期。在1950—2007年的57年间，全世界的商品出口总值从约610亿美元增加到139 000亿美元，爆炸式增长了220多倍。世界贸易组织在《2001年度报告》中称，1990—2000年，全球货物出口量以每年6.8%的速度递增，而世界国内生产总值年平均增长率只有2.3%，甚至除去通货膨胀和其他因素后，商品出口值的实际水平也大大高于历史上任何时候。中国从2001年"入世"开始，对外贸易额以每年不低于2 000亿美元的幅度增长，而2008年出口额占全球货物贸易出口额1.43万亿美元为第二，2009年跃居第一[1]。

国际贸易规模快速扩张推动着国与国之间贸易往来日益频繁，甚至生产要素的国际流动性增强，更加密切了国与国之间的经贸联系，使世界经济相互渗透和相互依赖更加深刻。

其次，世界市场的进一步拓展。经济全球化将全球视为自由市场并进行自由贸易与竞争，世界上没有哪个国家经济的发展能够脱离世界市场的环境。"一个国家要实现自身经济的稳健发展，就需要实现全球经济的和谐发展"[2]。由于国际贸易方式灵活多样，世界市场不断走向深入。美国和德国远在19世纪末20世纪初其经济实力已超过英国和其他老牌资本主义国家，而获得生产力水平上的巨大提高，这时多边贸易与多边支付体系已逐步形成，世界各国之间经济联系与相互依赖程度大大增强。国际拍卖、博览会等将来自全球各地的客商聚集起来，在实

---

[1] 戴芷华. WTO2001年度报告[J]. 世界贸易组织动态与研究，2001（7）：18-19.
[2] 谢超林. "一带一路"助力中国国际话语权提升[J]. 人民论坛，2017（27）：98-99.

践过程中形成一整套有利于国与国之间进行交易的习惯和规则,以保证国际贸易顺利发展。落后地区亦不能独立于世,纷纷卷入国际商品流通的大潮中,成了资本主义大规模工业生产的一分子。到了20世纪初叶,全世界已没有一个国家能够离开世界市场从事经济活动了。

高企跨国公司通过国际化经营实现各国之间的国际性战略联合,为"一带一路"建设奠定了坚实的基础。通过战略联盟、跨国经营以及全球采购等方式,不仅使跨国公司聚集了更多的技术创新资源,而且与其有着供货往来的许多国家也从跨国公司那里获取到前沿知识和先进技术、工艺技能与管理方法等,由此实现相辅相成、相互联系、风险共担、利益共得,并直接推动各国在投资与贸易中整合资源。

从2013年9月份"一带一路"首次提出以来,就确立了同其他沿线国家共同发展和繁荣的总体基调,经济全球化的进一步推进无疑对各国之间的互相协作造成了无可取代的影响,"一带一路"又使经济全球化进一步发展,是世界经济格局发生变化和中国自身发展模式改变等因素综合影响的产物。

由此可认为,全球化是"一带一路"的由来,是发展"一带一路"的第一大背景与前提。

2. 国际区域经济合作成为新趋势

第二次世界大战后,区域性国家之间"抱团取暖",经济合作模式长期是欧美发达国家帮助其经济发展的主要途径。20世纪50年代初期,"区域经济一体化等"成为流行词,被广泛应用于对经济活动的研究和实践中,成为各国应对经济危机、化解经济增速放缓难题的新途径。

(1) 欧洲联盟

作为当今地区最大的欧洲一体化组织,截至2019年4月,欧盟共有28个成员国,同世界近200个国家和国际组织建立了外交关系。近半个世纪以来,欧盟以关税同盟的确立为标志,终于废除关税,并在共同体范围内顺利实现了货物的自由流通,并通过构筑统一关税壁垒来联合抵制共同体以外的商品输入。欧盟前身"欧共体"于1985年6月发表白皮书明确指出:到1992年年底,要使欧共体成为无国界的货物、人员、资金、劳务充分自由流动的统一的内部大市场。

（2）北美经济一体化组织

北美自由贸易区是以美洲为首的南北区域性经济组织，由美国、加拿大、墨西哥三国组成。1992年12月17日，三国签署的《北美自由贸易协定》经三国国会审议通过，于1994年1月1日正式生效。根据该协定，三国从协定生效之日起，在15年内逐步取消所有货物和服务贸易以及资本流动的关税和非贸易壁垒。协议涵盖了市场准入、交易、法规、服务业、投资、知识产权的具体内容。2018年9月30日经磋商，该协议被正式修订为《美墨加三国协议》。

（3）亚太经合组织

亚太经合组织（APEC）是澳大利亚前总理鲍勃·霍克（Bob Hawke）发起并在堪培拉会议期间正式创立的，拉开了亚太地区官方南北经济合作的序幕。目前，APEC共有21个成员，成员占世界总人口的40%，占世界国内生产总值的56%，占全球贸易量的48%[①]。组织设有贸易、投资、通信、运输、技术、海洋资源保护以及旅游等10个专题组，每个专题组都有自己的组织机构、工作规划和工作程序。

（4）非洲经济一体化组织

非洲经济一体化的代表性组织包括非洲联盟、东共体、西共体和南部非洲关税同盟等。非洲联盟的前身是1963年5月成立的非洲统一组织。非统时期曾于1991年6月在阿布贾会议上签订了《建立非洲经济共同体条约》，该条约力图从社会生活的各个方面推动非洲经济一体化。东非共同体（简称东共体）成立于1967年，发展至今，经历了解体、重组，截至2022年，共有7个成员国。2009年举行的第十一届首脑会议签署了《东非共同体共同市场议定书》；2013年召开东共体第十五届首脑会议，签署《东非共同体货币联盟协议》，决定在10年内实现统一货币的目标；2016年3月，第十七届首脑会议以"促进以市场为导向的整合"为主题，审议通过了《东共体2050愿景》，会议提出到2050年东非地区要实现中高收入水平。

西非国家经济共同体（简称西共体）有15个成员。西共体投资和开发银行成立于2003年，其主要职责是拟定区域投资政策，并为西共体及非洲发展新伙

[①] 高顿教育. APEC峰会的介绍[EB/OL].（2014-11-19）[2022-11-19]. https://m.gaodun.com/caiwu/544432.html.

伴计划项目供资。西共体于 2013 年 7 月举行了第 43 次首脑会议，以探讨地区经济一体化、基础设施建设以及其他特定经济部门的发展。

南部非洲关税同盟于 1969 年建立，由 5 个成员国组成。它的前身为 1910 年南非联邦和南部非洲英属殖民地签订的关税同盟协定，是世界上历史最为悠久的关税同盟，也是非洲经济一体化水平最高的区域组织。

从以上地区的区域合作形势可以发现，不论经济发展水平高低，地区经济合作已经成为新时代国际合作的发展趋势。在新的时代命题面前，习近平总书记建议，中国愿与国际合作伙伴共同建设"一带一路"。虽然没有建立有特定章程的经济同盟关系，但是经济合作区域性明显。新时代积极建设"一带一路"，是中国致力于参与地区性经济活动、适应一体化经济模式、与全球经济合作趋势接轨的一个重要证明。

（二）"一带一路"倡议的国内背景

1. 新时期扩大对外开放的新路径

从兴办经济特区到向内陆城市开放，中国对外开放进程走的是一条体现着中国特色的渐进式开放之路，这个过程大致可分为四个时期。

第一，以典型城市为开放代表的萌芽时期。1980 年 8 月，经国务院批准，深圳、珠海、汕头、厦门四市作为对外开放的"试验田"，成为我国第一批经济特区。其中，作为首个经济特区的深圳市更有中国对外开放"窗口"之称。在积极进行政策革新和毗邻港澳区位优势的推动下，经济特区对外贸易正以惊人之势繁荣发展，国际社会也逐步透过"窗口"了解到了特区和蓄势待发的中国。

第二，以沿海开放城市为代表的开放初期。1984 年 4 月，国务院决定把对外开放的城市数量扩大到 14 个，北到秦皇岛，南到湛江市，从特区扩大到沿海其他城市。作为经济特区扩展和国务院首批对外开放城市之一，这 14 个开放城市具有开展对外经济活动的诸多优势，如经济基础好、技术管理水平高、区位交通便利、人才专业优势明显等。这些城市在发展过程中的不懈努力，为我国对外开放大格局奠定了基础。

第三，在开放中期，沿海经济开放区是这段时期的代表。1985 年 1 月以来，长三角、珠三角和环渤海部分地区先后被列为沿海经济开放区。我国对外开放进程不断深入，开放格局从点到面，已不仅仅局限在某一个城市，逐渐形成了对外开放集聚态势。

第四，以上海浦东为代表的内陆城市开放期，也是中国对外开放的高速发展期。1990年4月，上海收到国务院《关于开发和开放浦东问题的批复》，正式确定了上海浦东的开放。上海浦东作为长江三角洲中心，也成了其他内陆城市开放开发的基准。随后，国务院逐渐向长江沿岸、17个省会城市及内陆边境沿边城市开放，我国对外开放步伐遍布东部、中部及西部地区，开放格局全面展开，使开放建立在更深的层次上，发展水平步入了一个空前的高速发展时期。

我国对外开放格局已初步形成，为了在原有的基础上更进一步取得突破，增加对外开放的宽度和深度，势必摆脱传统开放模式对开放的束缚和桎梏，寻求扩大对外开放新途径，"一带一路"就是在此背景下应运而生。"一带一路"在搞好原有开放的基础上，把开放的矛头指向西部和印度洋，重点向欧亚非大陆等欠发达地区开放，指明了新时代对外开放的新渠道，这对于内陆城市深化国际合作、扩大开放范围、拓宽合作领域有着重要导向作用。

2. 加快中西部地区发展的新探索

中国特色社会主义在改革开放40多年后步入新时代，中国人民在经济发展中创造出奇迹。但是，我们应该清醒地认识到，目前经济发展中还存在一些问题——东西部发展不够均衡，而东部地区特别是东南沿海地区发展速度明显加快，且随着开放水平的不断深入，东西部之间的发展差距愈发明显，主要表现为以下四个方面。

首先，是各个地区的国内生产总值在全国的份额。2016—2018年，东部地区为52.5%、52.7%、52.5%；中部地区为20.5%、20.8%、21.0%，西部地区为20.1%、19.9%、20.1%，东北地区为6.7%、6.4%、6.2%[1]。东部地区继续保持领先态势，同其他区域相比具有明显的比较优势。

其次，是产业结构。2016—2018年，第一产业增加值比重较高省份集中于中西部地区，比重最低的五省都位于东部地区。2018年，上海、北京和天津三城市低于东部地区。第二产业增加值比重较好地反映了区域性特征，在2016—2018

---

[1] 腾讯网. 2016—2018年31省（市、自治区）经济发展对比分析[EB/OL].（2019-04-23）[2022-11-19]. https://new.qq.com/rain/a/20190423A0FNDJ.

三年中，比重前5位的是江苏、广东、山东、浙江、河南，最后5位的是西藏、海南、青海、宁夏、甘肃。第三产业增加值在2016—2018年，比重较大的省份仍是北京、上海和天津，三年分别突破80%、65%和55%[①]，总体排名中，前五强分别是东部广东、江苏、山东、浙江、北京，后五位分别是西部西藏、青海、宁夏、甘肃和海南。所以，就产业结构的比较而言，西部地区第一产业占主导地位，东部地区第三产业产值遥遥领先，而中西部地区尚处在工业化阶段。

再次，是固定资产投资。在2016—2018年固定资产投资完成额大小中，遥遥领先的是东部地区的山东、江苏、广东和中部地区的河南等地，而西部地区的西藏、青海和宁夏等地依次位列倒数。

最后，是财政收支。2016—2018年财政自给率（地方一般公共预算收入／一般公共预算支出）东高西低的现象十分明显，三年内前八名均为东部省份。上海自给率三年均超过85%位列第一，三年均超过70%的有北京、广东、浙江和江苏；三年垫底的是西部地区的西藏、青海和甘肃，自给率还不到25%[②]。由此可见，东西部地区的发展存在着巨大的差距。

在进入新的发展阶段后以及新常态下，中国的发展应该以创新为驱动，进行产业结构的调整，势必要加快中西部地区的发展步伐，努力补齐区域发展差异化的短板。"一带一路"倡议实施的核心是通过基础设施互联互通，以中西部和欠发达地区作为起点，引领沿线城市与全国的联动发展，将潜在的巨大人口红利、优秀资源要素与成熟技术和丰富经验进行有机结合，以达到沿线国家与区域综合的平衡发展、共同开放，为发展沿线地区注入新动力，并最终达成共同繁荣的目的。

3. 全面建成小康社会的内在要求

习近平总书记在党的十九大报告中指出："从现在到二〇二〇年，是全面建成小康社会决胜期。"[③] 这就决定了到2020年，中国要站在聚光灯之下，把这个历史阶段答卷交付给中国人民和世界人民，经受住所有中国人乃至全世界的考验。决

[①] 腾讯网. 2016-2018年31省（市、自治区）经济发展对比分析[EB/OL]. （2019-04-23）[2022-11-19]. https://new.qq.com/rain/a/20190423A0FNDJ.
[②] 腾讯网. 2016-2018年31省（市、自治区）经济发展对比分析[EB/OL]. （2019-04-23）[2022-11-19]. https://new.qq.com/rain/a/20190423A0FNDJ.
[③] 白雪秋，聂志红，黄俊立，等. 乡村振兴与中国特色城乡融合发展[M]. 北京：国家行政学院出版社，2018.

胜时期，我国社会各方面都需要新的发展思路来指引，需要新动能的助力，而"一带一路"倡议的提出，适时地为中国当前的发展需求提供了新鲜的"氧气"，为实现全面建成小康社会奠定了实力和底气。

（1）经济层面

"一带一路"首先是一个经济带，由各国共同开发。就沿线各国发展程度而言，新兴经济体及发展中国家占绝大部分，处在经济高速发展的上升时期，同它们互利合作，有利于推动中国中西部地区及沿边地区对外开放，可以说是大有可为。就区位优势而言，"一带一路"以东紧邻亚太经济圈，以西为欧洲发达国家的经济圈，做好"一带一路"的建设有利于中国对国内和国际两大市场、两种资源进行更充分的利用，从而达到与沿线国家双赢的局面。

（2）政治层面

尽管"一带一路"主要是为了经济建设，但是进行互联互通时，还加强了民族间文化交流与人文合作，这为保持社会稳定和民族团结奠定了坚实的基础。

（3）文化层面

全面建成小康社会不仅要在物质上实现小康，而且还要在精神上实现小康。"一带一路"本着开放包容的思想，充分尊重沿线国家文化价值观，加深与沿线国家文化交流和文明互鉴，不仅"引进来"了优秀外国民族文化，它还有助于中国传统文化"走出去"，与沿线国家进行多元文化的深度交流，从而发现新的发展机遇，以此提升人民的文明素质、社会的文明程度。

（4）社会层面

从"一带一路"在创新之路这一角度出发指出，社会建设需创新驱动，要促进云计算等高科技产业进入社会生活的各个方面。这一目标不仅为当下社会建设提供了具体意见，也对今后高品质生活的实现寄予了厚望。

（5）生态层面

"一带一路"倡议在2017年4月就明确指出，加快形成崇尚创新、注重协调、倡导绿色、厚植开放、促进共享的机制与环境，并把绿色发展列为其中一个重要的发展目标。2017年5月，环保部继续发布《"一带一路"生态环保合作规划》，明确六大合作重点任务，将两个重要文件作为"一带一路"践行绿色发展的纲领性文件，为我国生态环保工作注入强大动力。

第二节 主流媒体对"一带一路"的建构

本节主要以《人民日报·海外版》与《中国日报》两大主流媒体对"一带一路"的建构进行研究。

一、《人民日报海外版》对"一带一路"的建构

(一)"一带一路"报道中建构的国家形象

国家形象是人们在全球范围内对国家产生初步认识的首要基础，是在国际上获得正面评价和帮助国家发展的首要途径。随着全球化国际竞争日趋激烈，中国日益重视自身在国际社会中塑造和传播良好的国家形象。本书将通过政治、经济、文化、社会和外交五个方面对中国国家形象进行分析，结合相关分析来探讨《人民日报海外版》对"一带一路"的有关报道在国家形象塑造方面的作用。

1. 和平发展的政治形象

"一带一路"倡议在经济效益上有着巨大的影响，同时还在政治上发挥着重要作用。该倡议建议，按照地缘关系所构成的密切联系，倡导国家之间互相帮助，共同推动地区整体实力增强，促使沿线各国构成政治命运共同体。而达成这项共同体的前提条件是，保障自身国家安全与各国之间的平等交往，从而使国际关系变得和谐友好，并在此基础上推动"一带一路"沿线国家的政治安全、经济发展，同时这和中国的政治外交方针颇有相通之处，由此可见，"一带一路"倡议亦是展现中国政治诉求的一个重要表现。

《人民日报海外版》作为国家与外界沟通的主流媒体，其报道都会引用或者转述领导人讲话、意见或者政府机构报告，它在对外传递我们国家的政策、规划时，显示出了我国领导人强大的决策力和人格魅力，也塑造了我国透明开放的国家形象。

政府机构及专家学者对报道的看法和分析是有权威性、有事实依据的材料，能有效回应和驳斥国外对我国的负面言论。另外，有关报道还重点反映了中国走和平发展道路，表达了"一带一路"倡议是国家间共同发展与进步的策略。海关总署署长在《"一带一路"开启海关国际合作新时代》一文中表示，互联互通在"一带一路"建设中处于先行地位，这一举措给世界各国多领域合作带来机遇，中国

已与沿线海关展开多层次国际合作，并不断加深沿线海关合作基础，同时不断积累有关经验。"一带一路"倡议让中国的对外意识更开放、姿态更主动，中国同世界各国的务实合作不仅继承了丝路精神，也使国际合作进入新的篇章。在此基础上，国外企业机构、媒体以及华侨华人也成为消息来源的主体。消息来源的广泛性和多元性使得报道的话语体系由官方走向了民间。《人民日报海外版》是中国连接海外的舞台，把"一带一路"与中国梦、欧亚梦紧密连接在一起，彰显出开放、包容、追求互惠互利的大国形象。

丝路基金、亚投行和亚太自贸区等的涌现表明了，唯有借助政治手段干预加持，才有可能在经济和文化方面获得较好的发展。自"一带一路"倡议启动以来，全国的许多省市地区都展开了积极的探讨，积极响应这一倡议，适应"五通"的要求。2015年6月1日，《开放包容的"一带一路"》01版本说，"一带一路"举措经常被用来类比其他方案，而单纯的类比通常是站不住脚的，这是因为"一带一路"倡议在开展文化交流和经济合作等方面的开放包容程度都是值得世界各国寄予厚望的，中国人怀着无限真诚和崇尚互惠互利的态度，发挥着中国对于"一带一路"建设的促进作用，这不是单边的决定，而是基于实现和平发展的互惠互利。"一带一路"除经济政策的功能外，更多地表现出了中国全方位的对外开放的格局以及寻求共赢的政治力量。报道以新闻真实性为导向，客观地向观众传递"一带一路"有关规划和措施，力求将一个严谨负责、走和平发展道路的国家政治形象呈现在世界人民眼前。

2. 互利互惠的经济形象

经济发展使我国逐渐强大起来，国际地位显著提高，并逐渐成为世界大国。即便是全球经济衰退，中国与"一带一路"沿线国家的贸易依然持续增长，这进一步反映出中国作为一个大国所带来的经济影响。

从题材、话题和版面位置的类目分析中可以看出，经济题材的报道占据了一半以上的比例，将近1/3的报道分布在要闻版面上。经济主题报道涵盖经贸合作、企业发展、区域发展、战略影响等诸多话题，以经贸合作和战略影响话题报道量最大。从整体上看，这篇报道集中反映了在"一带一路"建设中，国家间的经贸合作成果和举措所具有的战略意义。

当前，该倡议已获得沿线多个国家的积极支持和回应，国家间的贸易得到了较好的发展，更多的发展中国家和新兴经济体国家参与到"一带一路"的建设中来，各国在个体及地区间共同利益的基础上开展贸易文化往来，并形成了一个渐趋强盛的经济与文化命运共同体。蒙古国驻华大使表示，"一带一路"潜力巨大、前景广阔，中国启动的亚投行、丝路基金等将对"一带一路"的建设起到强有力的推动作用，给蒙古国、俄罗斯乃至中亚和欧洲沿线国家都带来深远的影响。在"一带一路"倡议持续推进的背景下，中国将不断加强同世界各国的经贸合作，提高中国的整体经济发展水平，打造繁荣发展的中国形象。

同时，有关报道也突出了中国着力构建同其他国家坚持平等、互惠、互利国际关系的形象。在《"一带一路"为世界经济添动力》一文中，接受采访的专家普遍认为，该倡议在世界经济中所起的作用已初显。南开大学国际经济贸易系彭支伟副教授提出，对于他国来说，中国在双边和多边贸易与投资方面硕果累累，具有很大的经济潜力，是最重要的贸易伙伴。"一带一路"倡议正好给世界经济带来了活力，也为各国系统化互利共赢带来了机遇。2019年4月26日报道的《这是世界的一带一路》，其中有来自150多个国家的近5 000位嘉宾就提升"一带一路"发展质量进行了交流。其中，"机会很大""双赢的措施"表现出他们对这一倡议的广泛认同和期待，数位国家元首都认为"一带一路"倡议为世界发展提供了新机遇，它弥补了世界基础设施方面的不足，为缩小各国之间的发展差距和建立不同文明和文化之间的联系搭建起一座桥梁。也有不少报道显示，我国和沿线国家在能源资源和基础设施建设方面开展了多领域合作，反映出"一带一路"倡议不仅适应了我国的发展需要，还促进了沿线国家乃至全世界的进步。报道既传递出"一带一路"这一长远发展倡议中所包含的深层次价值理念，又将我国寻求平等、互信、互利共赢的国家形象呈现在世界人民的眼前。

3. 丰富多元的文化形象

文化实力在综合国力中发挥的作用是极其重要的，它是构建国家形象最主要的途径之一。文化以政治为基础，以经济为依托，是一个民族长期以来所形成的文化特质，是经历史文明的积淀浓缩形成的，而每个文化独特的魅力与情感也是由其个体的特殊性所决定的。古代丝绸之路的开放拉近了中国和欧亚非许多国家之间的距离，使得中国文明开始走向西方并逐步走向世界。"一带一路"倡议使丝路文化再次超越了地域、宗教和文化，加强了中国和其他国家之间的沟通和融合，同时为文明古国继承和创新优秀文化提供了新思路。"一带一路"倡议对中国乃至世界来说都是一个新的时代契机，媒体更应抓住机遇、顺应潮流，打造我们的国家品牌和良好文化形象。

自"一带一路"倡议提出以来，我国组织了许多面向社会发展和文化交流的项目来推动国家之间的交往与合作。正如《〈丝路秀〉秀出西域风情》一书所提及的，世界上第一个展示新疆文化和风情的大型演出《丝路秀》向世人展示了一个朝气蓬勃的新疆形象，也为丝路文化的宣传起到了强有力的宣传效果。共通、共融、并存是丝路文化所蕴含的深刻含义，"一带一路"的设想有助于中国文化传播，而文化传播又会反过来促进"一带一路"发展。《共筑新丝路携手育英才》是一本记录了合作办学所取得的累累硕果的书，通过"一带一路"沿线国家共识的达成与努力，国家顶尖学校合作项目渐次展开，促进了教育资源在各国之间的流动以及共建共享。"一带一路"倡议顺应时代发展潮流，在为各国培养掌握现代知识和适应多元环境人才的同时，也促进了民心相通和各国人民对于中国文化的了解。在此基础上，又有不少报道涵盖了美食文化、茶文化及医药文化，不同国家因为文化而结下了不解之缘，以文化交流为出发点，促进了沿线国家之间的理解和认可。报道图文并茂，既展现了我国悠久深厚的文化沉淀，又向全世界发出了召唤，显示出了中国与其他国家的友好合作态度。

开展文化对外传播，首先必须对我国历史上优秀的文明具有正确的认识，这是中国文化走向世界的首要环节。在古代，自西安至希腊，我国一直在同周边乃至世界各国在产品和技术上进行交流互通。以"一带一路"倡议为契机，联合全国各省市、各地区及沿线国家重返丝绸之路，发挥传统文化优势，开展丰富多彩的文化艺术活动，使世界民众对"中国符号"产生新的认识，以文化为动力拉动经济发展，从而推动中国创意文化产业和文旅等产业的发展。报道中对于文化的展示，既对丝绸之路文化的内涵和精神进行了弘扬和宣传，也彰显出我国和其他国家包容互鉴、互惠互通的文化形象。

4. 和谐稳定的社会形象

社会形象涉及城市文化、民生生活和生态保护等诸多方面。国家发展所引发的经济变动将推动社会变迁，使社会形象迅速更替。与此同时，社会形象作为国家内部形象的一个缩影也深刻地反映了国家在政治、经济和文化等多个方面的追求,所以构建社会形象也是构建整个国家形象的一个重要途径。

《人民日报海外版》以社会为主题的报道与以外交为主题的报道在数量上相当。社会主题报道的内容涵盖了区域发展、大众生活、战略影响等诸多主题。在2020年新冠疫情防控期间,其他话题报道涉及更多的是医疗援助和公共卫生问题。社会主题报道的主要消息来源是国内政府机构和华人华侨。这些报道多见于"区域专刊"的"华侨华人"版和"开放中国"的"国际观察"版。由此可见,社会主题报道数量虽然有限,但涉及面广,贴近海内外民众生活,《人民日报海外版》试图从多层次、多角度来打造我们国家的良好社会形象。

在"一带一路"倡议的持续发展中,我国将经济和社会的发展密切结合,在改善地方民生和促进协调发展方面取得了诸多成绩。在丝绸之路这一文化前身和其深厚背景下,"一带一路"倡议所涵盖的地区包含我国多个城市,使兼具文化内涵与独特特色的地区经济发展模式逐渐形成。这类城市凭借其全新的战略布局与城市地位,也迎来了全新的发展机遇。比如西安,尽管过去其发展程度远不及东部城市,但"一带一路"倡议却让它焕发出了新的活力,曾一度成为中国的一流城市。正如《陕西成为向西开放的前沿》一文中所提及的,自"一带一路"倡议实施后,西部地区对外开放格局发生了变化,陕西在古丝绸之路上的起点作用得到发挥,西部地区的科学发展与全面深化改革得到引领。在此基础上,这些城市不断被整合进"一带一路"发展战略中,为"一带一路"倡议的落实与完成增添了动力。作为一项国家政策性方针,它涉及城市和国家之间的互助,国家给城市带来新的发展机遇及政策支持,同时城市又不断使战略计划发挥反哺作用,以经济合作和产业转型来提升沿线城市的实力,进而提升战略区域的整体实力,使国家和城市实现协同共赢、协同发展的良好格局。

改善社会形象最重要的就是改善居民生活,使居民生活的满意度得到提高。"一带一路"倡议强调民生福祉问题,并把改善民生作为其战略中的一项重要内容,同时,改善民生也是可以更好地促进战略实施的一个重要途径。《人民日报海外版》社会主题板块也针对这一发展战略,对民众生活变化和社会发展样貌的和谐与稳定产生的影响进行了详细报道。西安市于2016年开展政务服务中心创新改革实验,在提高办事效率的同时,节约了企业与群众的时间。在此基础上,"一带一路"给众多海内外民众提供了大量就业机会,并日益改善了当地人民的物质生活水平。在《走出去、融进去、连民心温暖"一带一路"》报道中，中国企业通过一个个项目连接了"一带一路"沿线各国人民的心，不但给当地群众提供了大批就业岗位，而且在那里架桥筑路、捐助学生、改善本地医疗条件等，惠及200余万民众。《人民日报海外版》相关报道重点突出了城市这一战略接受主体，借助"一带一路"倡议实现了经济高速发展，改善了城市基础建设，提高了群众生活满意度、幸福感，显示出城市稳步发展、民众生活协调安定的社会样貌。

5. 合作共赢的外交形象

外交即对外交往，它包括一国同他国之间以处理国际关系为主要目的的一切活动以及同他国的和平交往。在国际化和全球化加速发展的今天，各国之间更为频繁地开展交往合作和国事访问等活动。创建一个好的国家品牌已经开始被各个国家所关注，外交形象已经成为影响一个国家综合实力的重要因素，所以外交形象的树立就显得至关重要。

国与国之间的外交活动往往是严肃且正式的，它对其他国家的影响是值得深入分析的，因此《人民日报海外版》的外交报道体裁以通讯和评论为主，在要闻版面和"融媒时代""国际观察"等专刊中常能看见相关的报道。由此可见，"一带一路"倡议是中国提出的一项经济构想和伟大外交战略，在报道中占有举足轻重的地位，媒体对外传播也实践了打造外交形象这一任务。

从"一带一路"倡议到对有关战略合作国家的采访交流活动，无不反映出我国一改过去保守、被动的外交姿态，越来越主动地拥抱世界。我们国家领导人一直以来都是执行独立自主的外交方针，积极同周边国家和地区进行交流和合作，并在落实"一带一路"倡议中不断推进，倡导在"一带一路"涉及地区建立一个符合各国共同利益的命运共同体，并且展示中国力量及和平主动的外交方针。正如《习主席中东之行缘何如此成功》一文所言，国家主席习近平出访中东，这次出访不仅是2022年中国第一次重要的外交行动，更是中国外交发展的一次顺利开局。中国奉行对话而不对抗、结伴而不结盟的外交政策。"一带一路"倡议在中东地区的不断推进也表明，该倡议并非一个国家的战略，它是世界各国的共同愿景。

"一带一路"倡议秉持的外交原则是与世界各国在资源上实现共建共享，其核心价值理念是开放和包容，这是新时代中国特色大国外交最好的表达。该倡议横贯亚欧非三个大陆，并获得了沿线各国的广泛赞同，有上百个国家积极投身倡议的推动和建设中。中国还以积极的姿态向各国证明,"一带一路"倡议在保障自身利益的前提下,在不断积极地为他国在各层面拓展发展空间,在沿线地区共同利益的指导下,与沿线各国和地区共享繁荣和发展。报道同时强调,中国承诺以"一带一路"倡议构建新的合作框架,提升同世界各国的合作关系。报道在传递中国声音时展现了我国的外交理念,具体分析了"一带一路"倡议所带来的外交影响。例如,2017年10月22日,党的十九大特刊《特色大国外交为世界和平作贡献》就转发了海外媒体评论,英国媒体称"一带一路"建设和"新型大国关系"均为中国外交全面开花的有力证明,中国特色大国外交促进了国际影响力的提升,也使中国完成"从'独善其身'到'兼济天下'的角色转换"。《人民日报海外版》是中国对外宣传之窗,把我国秉持平等互信、寻求同其他国家合作共赢等原则纳入报道范围,积极宣传我国的外交理念和策略,力求客观、完整地传达出中国对外交往的真实形象。

(二)《人民日报海外版》国家形象建构的策略

1. 对国家形象进行客观呈现,注重报道平衡

因为地域、文化、风俗和宗教等诸多要素的不同,使得各国民众的媒介习惯也呈现出不同的特性。《人民日报海外版》是以海外受众为主的报纸,海外华人和外籍民众由于所处环境的不同,自然和国内的受众有很大的区别。所以,报纸在报道语言、态度倾向及叙事手段等方面不可能和国内一般媒体画等号,而要全面了解海外受众特征,特别是他们在媒介运用上的习惯,还要借鉴海外媒体的报道形式调整报道策略等。西方媒体在趣味性和人性关怀方面的报道比较多,习惯于这类报道的观众对于带有强烈宣传意味的消息自然就难以适应。所以,《人民日报海外版》对外发声要结合当地群众的特点和生活习惯,降低宣传口吻,使其传播模式符合海外读者的阅读习惯,在亲切、自然、感人的报道中展现出我们国家的发展现状和价值理念,使传播的效果更为理想。

报道应该重视多方话语,重视"他塑"对于国家形象建构的影响,收集他国和地区对于中国形象所持有的观点和看法。别人的观点和见解,往往可以更真实、更全面地体现国家形象。为了使媒体报道更富有深度,我们可以用"旁观者"这个身份和视角,从国内外专家学者关于我国形象的相关研究中找出那些很难被我

们正确认识或者忽略的问题。

媒体希望世界各国人民理解"一带一路"倡议的含义和目的,这样就自然而然地在报道时详细介绍了该倡议实施后所取得的成就和给世界各国带来的好处,但媒体要清醒地认识到,负面或中立的报道与我们推广"一带一路"的传播目标并不矛盾。其实,把"一带一路"倡议所遭遇的窘境和我们国家的解决方法加入报道中来,能让这一倡议显得更真实可信。报道时可以尽量多地引入一些和人们现实生活息息相关的话题,传播效果也许会更加出色。报道要传递正面观点或者发表倾向性意见,还必须立足于新闻事实,从中立角度出发,树立平衡报道观念对于海外报道媒体来说非常关键。正面传播效果和负面报道并不矛盾,《人民日报海外版》应该加大中立和负面报道比重,注意兼顾不同倾向的报道比重,客观地展现中国的国家形象。建构国家形象并非《人民日报海外版》唯一的诉求,它能对海外受众的中国印象造成影响,并将中国的国家形象间接地呈现给各国民众。媒体担负着对中国面貌进行多元和多样化重现的重任,中国不是十全十美的,有问题和冲突,但它是透明、公开、自信且豁达的。媒体要比较客观地把一个既带着缺陷但又丰富真实的中国展现在世人面前,因为真实的中国往往才是最迷人的。

2. 选择共性文化内容,实现文化认同

文化是被包含于世界上各种形式和内容交流活动中的一个至关重要的因素。文化,是国家软实力的一种体现,随着国际话语权和国家形象塑造的逐层深入,唯有加强文化传播才能使世界看到中国多元文化,对中国价值理念和文化实力产生认同感,从而完成文化强国建设。中国政治经济实力的提升转变为经济影响的加强,但并没有导致价值影响上升。中国正处于新的发展时期和关键阶段,媒体要承担起自身的重任,在对外传播中要用更新颖、更精巧的手段宣传中华文化,用文化认同促进民族认同和世界认同,树立开放包容、富有内涵的文化大国形象。

借助于媒介来加强文化传播的层次,一般要经过两个时期。一是以讲故事的方式增加优质报道内容;二是通过呈现价值理念达到"价值影响"的目标,在适当适宜、历久弥新的价值观的支持下展开叙事,从而传播良好的国家形象。媒体如果仅仅是模式化地报道文化交流活动,或将我国文化价值观机械地传播出去,可能不会产生满意的结果。假如,媒体可以在报道对外传播时将我国传统文化和代表性文化符号融入其中,在潜移默化中呈现其背后所蕴含的价值理念,才能在文化和价值理念之间架起一座桥梁，让媒体和受众之间可以平等而深刻地对话，这样就可以直接减少读者和中国真实样貌之间的距离。

　　加大与文化和生活息息相关的软新闻在报道中的占比，对于讲好中国故事和提高报道质量是一个重要的途径。有关社会生活和文化历史方面的报道更能吸引海外受众，而日常生活琐事更能使读者产生共鸣，富有人情味的报道比政策方针、大事要闻更能吸引读者的注意。所以，对外传播媒体在国家形象的建构过程中，还要把传播视角移向个人和普通民众，要和中华民族历史传统相结合，把优秀文化与中国特色相结合，将具体情境和故事逻辑相结合才能讲好中国故事，带领读者走进故事情境，领悟故事精神内涵，呈现中国的社会生活，获取受众心理认同并通过精巧地讲述文化故事等形式实现"软传播"，通过报道唤醒各国民众的共同记忆。当报道的中国文化被海外受众所重视，那么媒体报道的影响力就会自然而然地增强。

　　实现价值影响，可以借助于中国独特的文化符号。符号组成了信息，而信息的流动又构成了传播。国家对文化信息的传播使得文化完成跨国传播成为可能，在此过程中，国家形象实现构建。在这一过程中，符号要实现传播就必须要有信息共享，也就是自己国家和其他国家要在一个共通的意义空间里形成对于符号表达含义的一致理解。与一般符号相比，文化符号的价值内涵更加多元广泛，在信息传播中具有其他符号无法比拟的价值与优势。物质文化如书画、服饰和工艺品等，非物质文化如文艺表演、风俗习惯和中医药等，这些都属于文化的范畴，只不过有着不同的表现形式而已，它们均为我国文化的精华，是"一带一路"倡议的重要文化象征。中国的许多文化符号并不仅仅是与我们民族的审美相契合，也引起了其他民族的关注，由此媒体可以借助我国文化向外传播，但要注意选取各民族所能理解的文化符号，并在顺应东西方文化语境的前提下对观众产生潜移默化的影响，构建一个贴近现实、富有民族色彩的国家形象。

　　3. 变革话语表达方式，实现分众传播

　　改变传统的话语方式，要求理解国外受众在内容选择和媒介使用习惯上的差异，并在文化、社会和生态层面上选取公众喜闻乐见的话题，精选更多真实可信、生动有趣的新闻素材，以细微处为切入点，运用通俗活泼的文字，由浅入深地表达出高大上的丝路话题，全景展现丝路风貌，深入解读"一带一路"的战略意义。

改变原有话语方式属于建构中国媒介对外话语体系,同时也要敢于发表中国观点、彰显中国话语自信、增强中国媒体软实力。

在调整报道内容的同时,也要结合不同受众群体特点开展分众传播。在了解各区域受众的多元信息需求后,可通过实地调研目标国家和地区的民众,针对海外受众进行走访,来了解各国的传播环境、风俗习惯、宗教信仰及其他资料,或者利用国际调查公司的调查数据及成果来了解海外受众,使传播目标国家及人民的参与感及认同感得到增强。同时,运用大数据手段,在不同国家和民族中进行受众的准确定位,做到新闻报道的差异化和个性化传播。"海客新闻"客户端能够识别受众所处的地理位置并进行信息推荐,但仅仅这样做还是远远不够的,还要洞察目标受众社会特征中的内容偏好和媒介利用行为,在信息分发上,借助海外网及"海客新闻"客户端等新媒体平台做好针对性分析,满足不同受众的多元信息需求。

此外,还为报纸、海外网、新闻客户端等众多媒体添加了互动渠道以及时接收受众的反馈信息,同时可以将二维码添加到报纸版面下方,读者可以使用移动终端设备的扫一扫功能就能发表意见,或者扫二维码时跳转到手机海外网站或者去"海客新闻"的客户端进行留言等交互行为,以倾听受众的观点和看法,了解海外受众所关心的问题,实现从"以我为主"到"以受众为主"的转变,将媒体到受众的单方面信息传播改变为受众接收信息和提供反馈的双向互动。

4. 整合对外传播渠道,采用智媒手段

互联网的崛起给予了信息传播的崭新领域,互联网媒体不只拥有传播迅速、信息多元等特征,更主要的是能够实现信息跨越国界、突破信息壁垒,让我们传递中国的声音。而且在互联网这个全新赛道,中国和世界能够同步出发,这对于中国传媒的发展和国家形象的构建来说,是个全新的契机。充分利用互联网技术、融合多元传播渠道是中国走向世界、建构良好形象的必由之路。

形象传播具有多元性和复杂性,无法依靠单一媒体传播,应整合各种媒介技术和媒体资源,利用全媒体手段全方位地传播国家形象。同时,应加大同海内外不同种类媒体之间的相互访问和沟通,不同媒体中的工作者进行岗位轮换,以加深媒体之间的合作,创新媒体之间合作的方式。也可连同海外媒体举办跨境联合采访,同其他国家和地区共建共享新闻稿件库和多元信息数据库,借助新兴技术实现新闻讯息和资源互通共享。另外，目前已有许多发展中或者欠发达国家主动参与到"一带一路"建设中来，但经济状况和媒体建设相对滞后，借助互联网技术可以深化与这些国家和地区的媒体合作，有利于使我国媒体"好友"的增加，将传播资源和媒介力量逐渐汇聚起来。

在全媒体传播时代下，新闻的传播速度加快、手段多样化、传播的范围不断扩大，这使得网络媒体和传统媒体的结合成为可能，新闻资源的效用也实现最大化。现阶段应发挥移动终端数字化运营模式优势，如借助智能翻译工具为多国语言提供翻译服务，以解决各国语言不通的问题，做到信息及时传递、实时交互。在技术与形式方面不断创新，开展精准传播，拓展传播渠道。对外传播媒体也要打破思维局限，运用现代化科技，加强全媒体的报道力度，让表达方式更多元化和数字化，并借助文章里提供二维码的方式进行报道，实现了新闻由单一文字传输向图文、音频、视频及动画联合输出的传播模式过渡。以报道的数据新闻为例，除了在纸媒上使用文字和图片来展示数据外，也可以让用户通过扫描网页上的二维码来获取动态视频和其他呈现方式，实现了不同传播渠道多向互动，增加了纸媒向不同平台跳转的功能，充分发挥了"海客新闻"和"海客视频"客户端的功能优势，为广大读者提供了更多关于"一带一路"建设的资讯，呈现该建设更鲜活、更逼真的进程。整合渠道传播是指，利用包括传统媒体和新媒体等多种渠道优势，让传播信息更丰富、更和谐，打造的国家形象更立体、更多元。

总之，《人民日报海外版》作为对外传播媒体的典型代表，应该注重国内与国外在文化和价值观方面的差异性，突破传统思维模式的束缚，透过国际化理念和中国的视野，用全球化的语言和多元的表达方式强化报道传播效果，将中国的政治立场、经济发展现状和社会生活真实而客观地展示给海外受众，并积极引导国际舆论和把握国际形象建设主动权，将中国爱好和平、开放包容、互利双赢的国家形象展示给全世界。

二、《中国日报》对"一带一路"的建构

（一）《中国日报》关于"一带一路"报道的特点

《中国日报》是中国被国外媒体转载频率最高的报纸，被西方新闻界评为"非

英语国家出版的最好的英文报纸"。从《中国日报》创立以来，其就承担起我国对外传播、媒体外交等任务，多角度地将鲜活真实的中国形象展示给世界，就是展示中国形象的基本遵循。而《中国日报》围绕"一带一路"主题所呈现的报道为构建国家形象理论体系提供了资料与实例依据，更有利于优化中国对外形象传播，继而在全球问题的解决上贡献中国智慧。分析《中国日报》关于"一带一路"主题的报道特征，有利于系统认识中国国家形象建构中的架构，适时进行报道策略的分析与调整。

1. 善用积极话语建设，建构和谐愿景

报道词语的使用是呈现报道主体主观心态的重要证据，一篇新闻报道的主体各异，文中的遣词造句可以将主体背后潜藏的意识形态和政治诉求信息折射出来。积极话语分析就是要努力调和冲突，寻找共同的利益点，共同前进。

《中国日报》对"一带一路"相关报道往往采取客观正面的报道模式，大家经常见到的并非生搬硬套、强制性和命令性言论，相反采取了柔和的报道方式，"share（分享）""promote（促进）""growth（增长）""boost（兴旺）""benefit（有益于）""reform（重建）"等词语的运用说明《中国日报》对"一带一路"相关报道有着十分积极的态度，采用了正面报道的话语方式，体现出"一带一路"光明的前景。

《中国日报》正面话语的使用，在"一带一路"报道数量的增加和相关报道分析与结合中集中体现出来。报道量的增加正如我们之前所分析的那样，《中国日报》"无所不用其极"地将多种报道方式结合使用，如"Trade hub aims to reclaim ancient glory"（"贸易中心旨在重振昔日辉煌"）这篇报道，结合了古丝绸之路的史料，以及目前当地的经济发展现状，利用数字信息展示中华人民共和国建立70年以来陕西省的发展与变迁，在数字呈现方面，采用折线图、柱状图、地图、占比图和新闻图片等多视角，从多侧面展现"一带一路"建设的突出进展。

2. 多角度多层次评论，多渠道引用

《中国日报》关于"一带一路"的报道量每年呈稳步上升的趋势，同时每年转载的国内外专家学者的文章也呈上升趋势，包括国内政商界精英、沿线国家的政府官员、国家性组织或活动的相关负责人、外国专家学者等，利用不同国内外社会精英观察"一带一路"的不同视角，达到全方位、多角度分析"一带一路"，所谓兼听则明,既避免了自说自话,也借用"买家秀"更加衬托出"一带一路"倡议是一项推动世界经济发展的有力措施,有利于更好地推动"一带一路"向前发展,体现了《中国日报》开放兼容的办报特点,也说明了《中国日报》不满足于自卖自夸的传播方式。

在非原创文章中,国内外专家学者的文章较多,大多数是意见评论类文章,国内外专家观点对建构国家形象起着意见领袖的作用。《中国日报》的大多数受众是海内外社会各界精英,他们的观点和态度往往能反映一国的主流观点和态度,以彼口述己意,有力地证明了"一带一路"的正确性,继而他们又在本国舆论声中扮演着意见领袖的角色,中国国家形象的建构在他国民众心中就此打开了一扇门。国内外转载量相差无几,对转载类文章的作者身份进行分析,发现专家学者、研究员、企业家、银行家等也都有所涉及,说明《中国日报》在转载意见评论类文章时,对作者身份进行了选择,尽可能多层次、多角度地呈现"一带一路"。

(二)《中国日报》建构国家形象的创新报道

《中国日报》作为我国重要的外宣平台,在国家形象传播方面具有得天独厚的优势,创新新闻报道是建构国家形象的重要手段,有益于优化报道、精准传播。

1. 主题丰富多样、避免单调枯燥

"一带一路"倡议是一项经济方案,这就决定了媒体在报道中经济类报道的分量,这是毋庸置疑的。《中国日报》的经济类报道最多,符合客观现实状况,但同时《中国日报》兼顾了政治、文化、环境、教育、外交等众多领域,而且在不同的领域还进行细分,如文化类还包括文学、艺术、历史、文化遗迹以及文化交流等。"一带一路"的相关报道按照主题不同可以分为"一带一路"参与省市和沿线国家的区域合作、国家领导人的国事活动、国内外重要会议和赛事活动、国内外专家学者评价、"一带一路"建设的措施和机遇等,足见《中国日报》在"一带一路"相关报道中的精准细化报道,呈现了丰富多样的主题,更全面、立体地呈现出"一带一路"。

2. 积极客观报道、突出时间节点

温和的情感和客观积极的话语表达方式不会让读者有压迫感,动之以情、晓之以理。我们从《中国日报》的"一带一路"相关报道可以看出很多积极性的词语,如"opportunity(机会)""growth(增长)""embrace(欣然接受)"等,而且报道视角的多元化,避免了读者的审视疲劳。对于重大事件,《中国日报》采取了核心报道机制:事前预热、事中跟踪报道以及事后总结报道。比如第二届"一带一路"国际合作高峰论坛的召开,召开时间为2019年4月25日至27日,我们将这段时间前后关于第二届"一带一路"国际合作论坛的相关报道进行统计,发现这段时间的报道呈"抛物线"的方式,会议期间的三天报道量最多,两端依次递减。

第三节　趋势与时势:"一带一路"全球传播构建新的话语体系

一、全球话语体系

"话语即权力",这个"权力"是指"支配个体的政治技术",但这种权力不是单向的,也不是某个个人、集团能够拥有的"事物",而是强调这种权力是如何通过行使,从而拥有了权力的过程。对于"话语"的解释,国内外学界一直有不同的看法。一般认为,狭义的"话语"是指在特定的社会、文化、历史环境下的具体语言交际事件,是语言交际活动和语境的有机结合;广义的"话语"则指思想理论和知识的外在表达形式,话语是真理、知识和权力的集中表现。话语的"权力"通常内化在实践主体中,难以察觉但却无所不在。作为个体,被社会接纳的唯一途径就是跟随"权力"的引导,遵循"权力"的规范。个体成长与社会的发展都伴随着"权力"的相互斗争与实践,从哲学角度看,人在社会中存在方式的合理性与合法性只有在"权力"建构的知识和真理中才有意义。

二、"一带一路"全球传播的话语困境

(一)国内外主流媒体对"一带一路"的报道形式单一

国内外主流媒体对"一带一路"的认知局限集中体现为对"一带一路"报道主题的单一上,国内外主流媒体的关注点普遍集中于"一带一路"给一国、一地

区或一省所带来的短期政治和经济影响,没有从长远角度认识到"一带一路"将给人类发展、文化交流、文明融合所带来的机遇和对世界格局的影响。国内主流媒体进行"一带一路"报道时,往往只是较为单一地关注政府推动的"一带一路"有关活动,如会议、项目等消息,国内新闻没有结合当地实情或者从人民群众的角度深入透彻地解读"一带一路"精神,国际新闻流于形式,缺少真正的全球视野;"一带一路"倡导的"五通三同"内涵几乎没有出现在国外媒体报道中。积极参与"一带一路"倡议的国家主流媒体也并没有对"一带一路"的核心理念进行诠释,"一带一路"被描述成一个中国主导的投资计划或者本国与中国的双边合作计划;一些西方主流媒体更是从自身的话语体系出发对"一带一路"进行模糊化的报道解读。

(二)国内外主流媒体对"一带一路"的报道内容不够深入

从表面上看,国内主流媒体的"一带一路"报道不仅数量庞大,而且全部都在进行正面解读,同时报道形式单一,很多报道内容浮于表面,官话、套话等程式化报道居多,缺乏专业的新闻策划,相应的配套报道较少。沿线国家的主流媒体关于"一带一路"的报道大多都属于正面解读,关注在宏观经济层面本国如何参与"一带一路"建设及"一带一路"对于本国的影响等,但在一些具体项目实施等微观层面的报道中,主流媒体的态度表现并不乐观,凸显出由经济利益驱动形成的正面解读更多是主流媒体一种暂时性的认识。

(三)中国主流媒体在国内外社交媒体平台的"一带一路"报道式微

中国的几大主流媒体在国内外社交媒体平台均具有较强的影响力,而主流媒体担负着引导公众正确认识"一带一路"倡议、科学解读国家相关政策的使命和责任,应当利用平台优势、资源优势进行传播推广,但实际情况却不尽如人意。中国几大主流媒体的官方账号在微信、微博平台全年的"一带一路"报道量普遍不到该账号的月均报道量;而在Facebook中,有的官方账号全年的"一带一路"报道只有个位数。从报道内容看,国内主流媒体官方账号在社交媒体中发布的"一带一路"报道大多属于消息类硬新闻,深度报道和权威解读严重缺失,在对外传播中,一些本该由国内媒体机构主动建立的有关"一带一路"的社交媒体主页、群组等却均由国外网友创建运营。

三、"一带一路"话语体系与文明的深入融合

在人类几千年的发展史上,世界各族人民在不同的地域和时间,各自创造出丰富多彩的文化和文明。奥斯瓦尔德·斯宾格勒（Oswald Spengler）在《西方的没落》中将文化视为一个有机体,并将世界文化分为了八种类型,也就产生了八种文明,此后阿诺德·汤因比（Arnold Toynbee）在《历史研究》中又将文明数量扩充为 37 种,学界对这种带有唯心主义色彩的文明形态论褒贬不一。国学大师季羡林提出了"文化体系"的概念,他认为,一个民族或若干民族发展的文化延续时间长、没有中断、影响较大、基础比较统一而稳固、色彩比较鲜明、能形成独立的体系就是文化体系[①]。按照这个标准,世界共有四个文化体系,分别是中国文化体系、印度文化体系、波斯—阿拉伯文化体系、欧洲文化体系,其中有三个属于东方。从文化地理学的角度看,"一带一路"倡议连接欧亚大陆,"中华文明"一路向西连接其他三大文明。

改革开放以来,中国坚持中国特色社会主义的发展道路,逐渐富强起来。近年来,中国的经济社会发展并未直接复制西方的发展模式,却散发出持续的活力,没有按照西方文明模式去实现"文明（civilized）"。

在世界秩序的构建和维护上,西方依然是主导。联合国中常任理事国只分配给亚洲一个席位,而西方占据 3 个,其他组织如 G8（八国集团）、达沃斯论坛等就是典型在文明等级思维意识下构建的合作组织。但未来全球经济社会发展格局将发生新的变化,世界秩序也将发生调整。有研究表明,未来"一带一路"沿线九个国家将重塑全球经济形态,以巴基斯坦、印度尼西亚和印度为中心,一端延伸到中国,另一端延伸到埃及、尼日利亚、墨西哥和巴西,从地理上看形成了一条巨大弧线。未来 10 年,这些国家将出现超过 10 亿的新型消费群体,将会推动社会变革、影响政府行为等。

---

① 何乃英. 我所认识的季羡林先生[EB/OL]. （2009-09-30）[2022-11-19]. https://www.eastlit.pku.edu.cn/zxhd/1204507.htm.

第四节　理念与路径："一带一路"全球传播战略构想

一、"一带一路"全球传播的基点与战略要素

（一）"一带一路"全球传播的基点

2013年9月和10月，习近平在访问哈萨克斯坦和印度尼西亚期间，提出了共建"丝绸之路经济带"和"21世纪海上丝绸之路"的合作倡议。"一带一路"倡议构想在哈萨克斯坦和印度尼西亚这两个国家首次提出有着深层次的战略考量。

"一带一路"倡议本身就是对文明多样性的尊重，倡导沟通和交往而不是改良和同化，不同文明之间是对话和融合而不是"冲突"，"五通三同"最终追求的是实现人类的共同发展和共同繁荣。"一带一路"建设离不开沿线国家的积极参与，"民心相通"的关键就是中国人民与其他各国人民必须增进双方的文化交往。各国沿线国家在"一带一路"倡议中占据着非常关键的地位，而"一带一路"全球传播战略的制定，必须精准地掌握各沿线国家和人民的真实想法。

"一带一路"倡议提出后，在国内外舆论场引起了广泛热议，尽管国际上存在不同的声音，但总体上"一带一路"倡议得到了较为积极的响应，国内各地区也都开始谋划如何基于地方实情融入"一带一路"倡议。目前，国内学界已经有研究从舆论引导、品牌建设等角度出发，对"一带一路"在国内外的推广和传播问题进行考察，但大量研究是基于中国过去的对外传播经验作出研判，对于国内外新的舆论场态势缺乏相应的基础调研。为掌握"一带一路"在全球舆论场的报道态势，笔者开始以中文数据库、全国电子报纸索引数据库、中国知网、英文数据库、世界各国报纸全文库、报纸全文库等为基础对国内外主流媒体舆论场的"一带一路"报道进行搜集，并借助大数据工具对国内外社交媒体舆论场的"一带一路"报道进行了统计分析。

（二）"一带一路"全球传播战略要素

从战略学角度看，战略要素即战略的构成要素，由于角度不同，概括的内容也存在多种提法。综合国内外战略研究的表述，笔者认为，"一带一路"全球传

播战略要素主要包括战略目标、战略方针、战略力量、战略措施、战略风险五部分（图5-4-1），从宏观层面构成"一带一路"全球传播战略的基本框架。战略目标是制定和实施战略的出发点和归宿点，主要解决"做什么"；战略方针包括明确战略指导思想、确立战略指导原则等，主要解决"怎么做"；战略力量指对现有资源的判断，并根据战略目标和战略方针调整资源配置和发展方向，主要解决"能做什么"；战略措施是调动战略力量实现战略目标而进行的行动方式，主要解决"用什么做"；战略风险是指实现战略目标过程存在的问题或可能遇到的不确定性因素，主要解决"做到什么程度"。

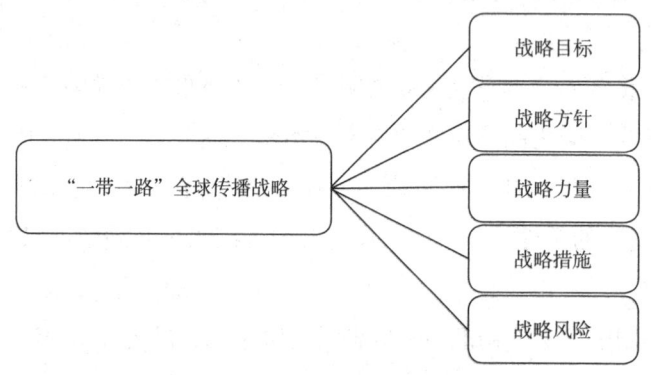

图 5-4-1 "一带一路"全球传播战略要素

"一带一路"的传播推广面临诸多实际挑战，而"一带一路"全球传播战略是服务于"一带一路"整体战略的。由此考量，笔者认为"一带一路"全球传播战略应当分为短期目标、中期目标及长期目标三个阶段。建设"一带一路"，实现"五通三同"，中国人民必须正确认识"一带一路"上的各个国家和人民，沿线各个国家和人民也必须诚心加入"一带一路"倡议建设中来，让各个国家人民和中国人民精准掌握各自的真实想法，是推进"一带一路"建设，实现"民心相通"的基础。

短期目标较为紧迫，即促进中国与各个国家官方、学界、媒体、企业、民间等积极开展对话，使各个国家成为中国的外交核心之一，在国内外舆论场主动设置有利于中国和各个国家共同利益的议程等。

中期目标为中国与各个国家共同从美国主导的世界秩序和话语体系中突围，共同构建新的话语体系。

长期目标为构建一个包容多元的文化体系，东方三大古文明共同复兴，形成新的丝绸之路文明带，最终实现"一带一路"上的民心相通、相和。

中华文化绵延至今，是人类历史上唯一没有中断的文化，而中国的战略文化便植根于这悠久多样的历史和民族文化传统基础之上，形成了独特的儒释道"天人合一""和而不同"等文化观念。追求和平、谋求统一是中国战略文化灵魂的集中体现。从《孙子兵法》到毛泽东思想，再到"一带一路"倡议，无不继承并发展着中华民族的战略文化。"一带一路"全球传播的战略指导或者战略方针是在新的国际形势下，对中华民族战略文化传统的提炼，笔者认为可以概括为道德主义、兼容并蓄和天下思想。

道德主义体现为中国对于世界的大国责任，"一带一路"倡议并不是谋求强强联合，而是携手众多小国甚至处于战乱的国家共谋发展。"一带一路"全球传播战略谋求的是建立一个平等对话的传播体系。

兼容并蓄则体现为"一带一路"倡议超越意识形态、超越国家地域差异，"一带一路"全球传播战略并不是强求世界各国加入"一带一路"或者推广"中国化"、中国模式，而是向世界各国人民展示出真实的"一带一路"，为世界提供一个促进人类多样文明和文化大交流与大交融的中国方案。

在中国古代的"天下观"里，并没有清晰的民族国家概念。在"一带一路"倡议中，谋求利益共同体、命运共同体和责任共同体便是"天下"思想的直接体现，"一带一路"全球传播战略构建的不是以中国为中心的全球传播体系，而是一个多元多中心的传播网络。

"一带一路"倡议将欧亚两大最具活力的经济圈连接起来，以改变全球经济地理布局。在这样的大布局下，"一带一路"全球传播战略力量就是要对传播资源进行梳理和动态研判，包括传播主体、传播内容、传播途径、传播受众四个方面。传播主体包括政府机构、媒体机构、企业机构、高校智库和个人，从当前情况看，应当统筹协调媒体与智库资源，提高"一带一路"报道的质量和传播效率；在传播内容方面需要深入挖掘"一带一路"上"人的故事"和受众感兴趣的文化元素，如茶道、武术、养生、毛笔字、水墨画等，改变现有口号式、程式化的空洞宣传，在形式上除了传统的文字、图片、纪录片、电影等，还应该鼓励数据新闻、短视频等适合移动多媒体传播的形式；传播途径可以分为外交访问、新闻报道、学术交流、文化活动、民间往来等，当前"一带一路"向世界的推广主要是国家领导人外交访问和新闻媒体报道两种形式，但"一带一路"报道呈现出诸多问题，需要逐步调整报道思路，同时积极推动关于"一带一路"的学术交流、文化活动、民间交往等，形成立体化的传播格局；"一带一路"涉及国家区域广泛，必须重视并开展受众研究，不同国家、不同宗教信仰的受众有不同的特点和偏好。

"一带一路"倡议涉及政治、经济、文化等多个领域，沿线各国的文化类型、民族等复杂多样，需要用复杂化思维统筹"一带一路"全球传播战略措施。以战略传播为准则，根据目标对象，分为国内传播策略和国外传播策略两个维度；根据传播情景，分为常态传播策略和危机传播策略。

为更加直观地呈现"一带一路"全球传播战略的资源和环境态势，笔者对"一带一路"全球传播战略进行SWOT分析，如表5-4-1所示。SWOT分析法又称为态势分析法，四个英文字母分别代表优势（Strength）、劣势（Weakness）、机会（Opportunity）、威胁（Threat），常被学界、业界实践于战略研判分析。

表5-4-1 "一带一路"全球传播战略SWOT分析

优势（Strength）	劣势（Weakness）	机会（Opportunity）	威胁（Threat）
国内主流媒体联动效率和统一性；国外社交媒体"一带一路"的报道热度；"一带一路"带动发展的吸引力	国内主流媒体在全球舆论场缺少话语权；"一带一路"传播内容有待深入挖掘；受众使用语言不同、交流不深入	国内外社交媒体舆论场的引导潜力；国外年轻受众群体的引导潜力；中华文明与其他文明对话的文化历史基础	西方主流媒体掌握话语权

二、"一带一路"全球传播战略实施路径

（一）建立"一带一路"倡议传播体系

我国新闻媒体的传播观念、技巧、效果等与西方有较大差距，其中有很大一部分原因是还未建构起一个既符合中国国情又引领时代潮流的文化体制与传媒体制。中华人民共和国成立伊始，在文化体制改革浪潮下，我国对新闻媒体管理和运行机制进行了不断探索，从早期的媒体机构由国家垄断非营利运行，到20世纪80年代后的市场化改革自负盈亏。"事业体制，企业化管理"运行至今，我国

新闻媒体机构的"人民性"与"公共性"难以与资本驱动的商业化、娱乐化调和，尤其各大商业化运行的网络媒体快速发展，实际上改变了中国传媒市场的发展格局。

国家传媒业态的快速发展并不代表新闻媒体就能形成与体量匹配的对外传播力。从我国传媒运行机制来看，商业利益与国家利益、市场导向与行政驱动，天然就存在博弈和权衡；从新闻传播实践效果看，我国的主流媒体在全球舆论场应当成为代表政府和人民的发言人，这既是行政要求，也是历史使命。但长期以来，在全球传播体系与话语体系中，构建正能量的中国话语往往需要依靠编辑记者的个人思想觉悟，缺乏机构层面的整体激励驱动，报道有很多但其实是浪费资源的无效传播。

美国于2010年最早开始部署国家战略传播体系，并于2012年更新，其战略传播体系相对较为成熟，对我国有很好的借鉴意义。从学界近年来对美国战略传播体系的研究分析看，该体系的核心理念就是整合传播，通过"扁平化"管理，开拓多元的传播渠道、细分受众、精准传播等实现高效率的国家传播实践行动。

俄罗斯在构建战略传播体系方面进行了多种探索，具有一定的借鉴意义。2005年，普京政府斥资3.5亿美元建立了"今日俄罗斯"（Russia Today，简称RT），RT的成立初衷就是向世界传播俄罗斯观点，并以俄罗斯视角看世界，为俄罗斯的国家利益服务。2013年，俄新社、俄罗斯之音和今日俄罗斯的媒体资源被整合重组，建立了俄罗斯的官方外宣媒体集团"今日俄罗斯"国际新闻通讯社（Rossiya Segodnya），俄罗斯的战略传播体系日趋完善。

近年来，我国也逐步开始在中央媒体资源整合方面进行探索尝试。2016年12月31日，CGTN正式开播，中央电视台各外语频道全部合并进入CGTN。习近平总书记在贺信中指出，要"实施融合传播，以丰富的信息资讯、鲜明的中国视角、广阔的世界眼光，讲好中国故事、传播好中国声音"[①]。国家高层对于CGTN的要求和重视反映出其未来在中国国家形象、"一带一路"倡议等全球传播中的重要意义。

建立"一带一路"倡议传播体系应当从平台体系和内容体系两个方面着手

---

① 许京宁. 试论主流媒体对外传播策略的创新——以中国国际电视台（中国环球电视网）为样本[J]. 军事记者，2019（8）：70–72.

思考。平台体系需要统筹国家级主流媒体资源优势，进行"一带一路"新闻播报联动，同时要充分利用社交媒体平台及各种大数据和可视化技术，积极运营官方账号。内容体系需要组织新闻采编人员、"一带一路"研究人员、小语种翻译等，共同编写扩充"一带一路"的题材库、故事库、语言库等，可尝试与各个沿线国家主流媒体合作，进行"一带一路"播报内容的整合和互通。目前可选择对"一带一路"关注度较高且有合作基础的巴基斯坦试点探索。

（二）掌握"一带一路"话语和解释权

不可否认，当前美国等西方国家占据着雄厚的媒体资源和话语优势。在国际传播中，我国一直处于弱势状态。中华民族的复兴与美英等老牌国家的崛起完全不同，"一带一路"倡议惠及广大发展中国家，是一种合作共赢的发展模式，有利于人类发展。但中国并不掌握全球新闻传播的话语权，新闻媒体在中国国家形象塑造和"一带一路"理念传播方面乏力低效。

在主流媒体舆论场，国内媒体虽然普遍对"一带一路"进行了正面报道，但对"一带一路"的认识有限，深入分析少，表面文章多。沿线国家媒体的"一带一路"报道量较多，尤其巴基斯坦的媒体有较高的热情，但从引用信源看，中国媒体对于沿线国家媒体的影响力较低。虽然"中国学者"被更多当作引用信源，但实际上舆论场并未真实反映出中国学界对于"一带一路"的深刻认识，这表明媒体在选择来自中国的权威信源及引述时可能存在断层，我国学术界与本国舆论界、沿线各国舆论界脱节。在社交媒体舆论场，国内社交媒体的"一带一路"报道基本持正面态度，但由于一些网民关心的问题在主流媒体舆论场没有涉及，而网络中又缺失权威解读，质疑的声音得不到有效回应。国外社交媒体平台的"一带一路"报道量远高于国内，这与用户量有直接关系，如 Facebook、Twitter、YouTube 等面向全球受众，而微信、微博的受众基本集中在国内。国外社交媒体中对于"一带一路"的关注度较高，但同样存在权威信息缺失的问题。中国主流媒体的官方账号在国外主要社交媒体中虽然都具备一定的影响力，但作为"中国声音"传递到国外受众的主要出口，在"一带一路"报道中没有发挥应有的作用。

当前正处于我国官方、媒体、学界掌握"一带一路"话语权和解释权的战略机遇期，尤其在国外舆论场中，"一带一路"基本处于较为模糊的概念表述和宏观畅想阶段。应当尽快统筹国内高校智库和主流媒体机构的力量,对"一带一路"的核心理念,如"五通三同""合作共赢"以及中华民族丝绸之路的"和"与"仁"的精神进行通俗解读。尊重新闻传播规律,用外国人听得懂、可接受的方式来传播"一带一路"核心理念,避免"自说自话"及口号式的宣传,建立"自下而上"的传播体系。用国外受众熟悉的语言和语境创新性地翻译成简单易懂、朗朗上口的语句,而且要做具体化的阐释,深入挖掘"一带一路"上人的故事,通过个人的小故事"以小见大"地反映"一带一路"倡导的合作共赢理念,逐步培养国外受众对"一带一路"的认同等。此外,中国与各个沿线国家的智库、媒体等要紧密合作,消解"一带一路"中的认识误区,实现双向联通,共同发展"一带一路"的核心理念。

(三)开展"一带一路"传播受众研究

早在20世纪初,国外传播学者便开展了一系列大众传播效果研究,但"受众"这个大众传播效果研究的核心概念直到近些年才被重视。"受众"是考察传播效果的出发点,对于受众的理解不同或认知差异将深刻影响传播效果研究的开展思路及分析结论,同时,也决定着效果的指向、强度及范围。另外,以对"受众"的理解和认识为框架,能够科学制订针对不同受众群体的传播计划,有效实现传播目标。国外受众的认知规律表现为首先接收大量的基础信息,而后通过自主认知形成观点,往往这种经过受众自己加工处理后产生的观点才是最经久、最稳固的认知。从实践角度看,长期以来我国外宣工作疏于受众研究,传播对象被笼统地定义为一个整体没有进行细分,没有找出各个细分群体当中的特点和有效的沟通渠道。中国的新闻媒体在选择报道内容时主观倾向性很强,总是强调"我想让你知道什么""你应该知道什么",没有充分认识到受众的愿望、意图和心理认同,这种思维惯性使中国的新闻媒体在进行话语实践时常常忽视受众由于身份背景、文化认知等差异而产生思维方式、价值观及话语接受度等不同的现实问题。

国外受众中年轻人与年长者在接受如"一带一路"等新概念,以及对中国和中国文化的喜好度、认同度,对价值观的认同度等方面都有明显的区别,而且受教育程度不同,对于"一带一路"的认识、对于中国的看法也都不一样。应当对不同国别、不同年龄、不同教育背景等的受众进行有针对性的传播设计和营销规划。"一带一路"不仅是经济战略,更应该是文化战略,需要在"一带一路"的对外传播实践中综合运用如长城、舞龙、京剧、旗袍、武术、饮食等国外受众感兴趣的文化符号,实现精准传播。

一些国外受众群体虽然对中国文化元素表现出了很高的兴趣,但是对中国文化价值观的接受度却相当低。国外受众通过媒体了解到的更多的是"一带一路"政治经济方面的新闻,而这些报道容易让人产生怀疑,影响海外民众对于"一带一路"的接受度和对中国的好感度。因此,应增强在文化、艺术等中国元素方面的"软新闻"报道,通过讲能够反映丝绸之路精神和"一带一路"合作共赢理念的"人的故事"来提高影响力,增强受众的参与性与互动性。

"一带一路"目前覆盖亚欧大陆多个国家和地区,未来还有扩大的可能。沿线国家在政治、经济、文化、宗教、民族、语言等方面存在巨大差异,因此要讲好"一带一路"故事,取得良好的传播效果,必须对受众进行调研并细分,不能一概论之。

"一带一路"全球传播战略的制定,必须以广泛的受众调研为基础,准确掌握"一带一路"沿线国家人民群众的民族文化、思维方式和接受习惯等,一定要注重挖掘丝路文化元素,进行精细传播和精准传播。通过开展"一带一路"传播受众调研,一是可以为科学制定精准化的传播策略提供支持,二是可以更好地从受众角度出发了解"一带一路"的外宣问题。"一带一路"传播的受众群体必须综合历史、宗教、文化、民族等多维因素进行考量细分,"一带一路"的外宣工作必须做到精细化传播、精准化传播。随着一些"一带一路"投资项目的陆续开展,在宏观层面掌握不同受众群体对于"一带一路"和中国的认知及态度已经非常紧迫,这是一个庞大的人文工程,需要尽早着手部署。

(四)推进"一带一路"文化学术交流

从舆论场的情况看,当前国内外主流媒体对于"一带一路"的报道主要集中于政治、经济领域,而国内外网民在社交媒体上的讨论也反映出"一带一路"更多被视为一个由中国主导的投资计划,可能会带来巨大的经济利益。"一带一路"国家的受众、当地群众对于中国的第一印象偏重于经济类概念,如市场大、价格低等,普遍认同中国的经济发展,但对于中国文化的认同度较低。

"一带一路"的全球传播必须重视语言的力量,推广国际汉语教育,这是使国外受众群体真正理解中国文化的根本途径。在汉语的国际化中要弱化官方色彩,综合市场和民间力量,形成汉语国际化的产业链。

中国官方释放出了增进"一带一路"文化交往的强烈信号,下一步的具体落实需要更多的研究和投入。当前,有关文化交流的推动项目,大多集中于官方机构和企业民间层面,对于与"一带一路"沿线国家高校智库间的学术交流、新闻媒体间的专业交流缺乏一定的重视和引导。因此,应当逐步开展中国的高校智库与"一带一路"沿线国家尤其是各个沿线国家高校智库的学术交流,通过学术对话与研讨增进了解、化解误区,共同为"一带一路"的发展建言献策,影响各国政策导向;同时,促进中国、各个沿线国家年轻学者的交流培养,逐步形成"一带一路"的学术共识。在国际舆论场中,我国媒体的影响力有限,长期以来与各个沿线媒体的合作也较少。随着"一带一路"的推进,必须建立中国与各个沿线国家新闻媒体的交流合作机制,通过记者培训、共同采访等方式培养不受西方话语影响的"把关人"。应当用发展传播学的理念进行"一带一路"新闻话语实践,让各个沿线国家的人民群众和中国人民群众了解彼此的真实想法,逐步形成"一带一路"的文化共识。

此外,无论从哪个层面开展文化交流,中国方面都要保持谦卑的态度,要用古丝绸之路上法显、玄奘的精神去尊重和了解对方,"一带一路"是包容合作、和而不同,是丝绸之路上东方三大文明的共同复兴。

参考文献

[1] 孙有中，章晓英，刘滢. G20国家传播环境研究[M]. 北京：社会科学文献出版社，2019.

[2] 龙小农. 金砖国家与全球传播秩序重构[M]. 北京：中国传媒大学出版社，2020.

[3] 徐波. 跨文化沟通：国家形象的有效传播[M]. 上海：复旦大学出版社有限公司，2018.

[4] 王康友. 创新型国家科学传播（精）[M]. 北京：中国科学技术出版社，2020.

[5] 焦姝. 中国国家形象传播研究[M]. 北京：企业管理出版社，2015.

[6] 蒙象飞. 中国国家形象与文化符号传播[M]. 北京：五洲传播出版社，2016.

[7] 余江. "一带一路"与文化传播[M]. 天津：南开大学出版社，2020.

[8] 吴瑛. 中国声音的国际传播力研究[M]. 上海：上海交通大学出版社，2016.

[9] 刘滢. 国际传播：全媒体生产链重构[M]. 北京：新华出版社，2016.

[10] 陈爽. 汉语国际教育与中华文化国际传播[M]. 长春：吉林文史出版社，2020.

[11] 史安斌，朱泓宇. 数字华流的模式之争与系统之辩：平台世界主义视域下中国国际传播转型升级的路径与趋势[J]. 新闻与传播评论，2022，75（5）：5-14.

[12] 方兴东，钟祥铭. 国际传播新格局下的中国战略选择——技术演进趋势下的范式转变和对策研究[J]. 社会科学辑刊，2022（1）：70-81.

[13] 张毓强，潘璟玲. 国际传播的实践渊源、概念生成和本土化知识构建[J]. 新闻界，2021（12）：41-55.

[14] 邢丽菊，赵婧. 新媒体与中国国家形象的国际传播[J]. 现代国际关系，2021（11）：51-59；61.

[15] 姜飞. 国际传播百年未有之大变"局"——利益、边界和秩序的接力 [J]. 新闻与写作, 2021（10）: 5-13.

[16] 段鹏. 当前我国国际传播面临的挑战、问题与对策 [J]. 现代传播（中国传媒大学学报）, 2021, 43（8）: 1-8.

[17] 张毓强, 庞敏. 新时代中国国际传播: 新基点、新逻辑与新路径 [J]. 现代传播（中国传媒大学学报）, 2021, 43（7）: 40-49.

[18] 李宝贵, 李辉. 中文国际传播能力的内涵、要素及提升策略 [J]. 语言文字应用, 2021（2）: 2-15.

[19] 段鹏, 张倩. 后疫情时代我国国际传播话语体系建设的价值维度与路径重构 [J]. 新闻界, 2021（3）: 28-36.

[20] 张鑫, 程景. "量""致"兼顾——增强中国媒体海外网络传播力 [J]. 今传媒, 2019, 27（12）: 41-43.

[21] 王向阳. 文化软实力视角下中国国际传播能力建设研究 [D]. 北京: 外交学院, 2022.

[22] 何娟. 中国特色对外话语体系的构建研究 [D]. 贵阳: 贵州师范大学, 2022.

[23] 郭鸿炜. 论"一带一路"实践对中国与周边新型国际关系的建构 [D]. 长春: 吉林大学, 2021.

[24] 孟周霞. "一带一路"中国影视国际传播生态研究 [D]. 杭州: 浙江传媒学院, 2021.

[25] 张伟. 中国"一带一路"建设的地缘战略研究 [D]. 长春: 吉林大学, 2017.

[26] 杨荣国. "一带一路"公共外交战略研究 [D]. 兰州: 兰州大学, 2017.

[27] 崔倩. 传播学视域下汉语国际教育传播媒介研究 [D]. 济南: 山东大学, 2016.

[28] 陈灵芝. 汉语国际传播视角下的越南高校汉语教学发展研究 [D]. 北京: 中央民族大学, 2016.

[29] 王露曼. 孔子学院国际传播的现状和发展趋势 [D]. 长沙: 湖南大学, 2014.

[30] 刘晓. "一带一路"对外传播研究 [D]. 湘潭: 湘潭大学, 2016.